Frédéric Lionel
Angst in Hoffnung wandeln

Frédéric Lionel

# Angst in Hoffnung wandeln

## Antworten auf Lebensfragen an der Schwelle zum dritten Jahrtausend

Aus dem Französischen übersetzt von
Norbert F. Weitz

Ariston Verlag · Genf

CIP-Kurztitelaufnahme der Deutschen Bibliothek

Lionel, Frédéric
Angst in Hoffnung wandeln: Antworten auf Lebensfragen an der Schwelle zum 3. Jahrtausend, Frédéric Lionel. Aus d. Franz. übers. von Norbert Friedrich Weitz. – Erstaufl. – Genf: Ariston Verlag, 1987.

ISBN 3-7205-1455-2



Gestaltung des Schutzumschlages:
H. + C. Waldvogel, Grafik Design, Zürich

Satz: Fotosatz SatzStudio Pfeifer, Germering bei München
Druck und Bindung: Wiener Verlag, Himberg bei Wien
Erstauflage: September 1987
Printed in Austria 1987

ISBN 3-7205-1455-2

# Inhalt

# Vorwort

Unsere gegenwärtige Epoche zeichnet sich durch vielfältigste Unsicherheiten, ja weitgehende Desorientierung aus. Die Menschen sind bestrebt, angemessene Lösungen für Probleme zu finden, die sie bewältigen müssen; aber die Komplexität dieser Probleme verwirrt und ängstigt sie.

Häufig beschwört man die vielversprechende Morgenröte eines neuen Zeitalters, ohne jedoch die tieferliegenden Ursachen zu erkennen, die dazu beitragen, den Zustand der Wirrnis und deren folgenschwere Auswirkungen aufrechtzuerhalten. Um zu einer anderen Sicht des Universums und seiner selbst zu gelangen – zu einer Sicht, die den wissenschaftlichen Errungenschaften unseres Zeitalters entspricht –, ist es sich jeder, der sich auf die Suche nach Axiomen begibt, schuldig, die bisher beschrittenen Wege zu verlassen.

Halten wir fest, daß ein Axiom von eindeutiger, unmittelbar einleuchtender Gewißheit ist, die sich der Beweisführung der Logik zwar entzieht, von ihr aber auch nicht widerlegt werden kann. Halten wir zudem fest, daß die Angst, die in der Welt herrscht, den wesentlichen Aspekt der Wirklichkeit des Lebens verhüllt und daher zu allen möglichen Exzessen führt.

Kann man die *universelle Angst in Hoffnung wandeln*? Das ist die Frage, und gewiß handelt es sich dabei um ein gewagtes Unternehmen. Dieses ist aber um so unerläßlicher, als die triumphierende Technologie ungeheure Energien freisetzt, die die Menschheit zu vernichten drohen. Weit davon entfernt, eine endgültige Antwort auf fundamentale Fragen gefunden zu haben, hat die moderne Wissenschaft die zunehmend größer werdende Komplexität des Universums ans Licht gebracht. Auf die eigene unbewältigte Vergangenheit reagierend, gibt sich der Mensch alle Mühe, die sichernden Schutzgatter – familiäre, geistige oder andere Bande – zu zerbrechen. Da er mit Sicherheiten rechnen will, sie aber, von seiner menschlichen Macht berauscht, nicht finden kann, wirft er überholte Ansichten, mit ihnen jedoch auch wesentliche, zeitlos gültige Ideen über Bord. Er will das Spiel des Lebens meistern, ohne sich der Anstrengung zu unterziehen, die das Leben regierenden Gesetze zu entdecken.

Eine Geringschätzung des menschlichen Lebens ist die Folge. Brutalität und Willkür nehmen überhand. Fehlentwicklungen und Überreaktionen werden sogar von Industrien ausgenützt – so fallen zum Beispiel Tausende den Süchten und Drogen zum Opfer. Die Entwürdigung alles Lebenden breitet sich aus, und Propheten zweifelhafter Provenienz kündigen mit Genuß eine neue Sintflut an. Man hört ihnen zu, anstatt sich darüber klar zu werden, daß nur das gemeinsame Handeln Unheil verhindern oder aber es hervorrufen kann.

Der Verfasser dieses Buches setzt sich, indem er im Verlauf der folgenden Kapitel über Erlebnisse und authentische Erfahrungen berichtet, mit sehr aktuellen Problemen auseinander: Angst, Spiritualität, Homosexualität und Todesstrafe sind nur einige der in diesem Buch diskutierten Themen. Da der Autor sich als Sprecher einer der abendländischen Tradition verpflichteten Weisheit versteht, versucht er Hilfen gegen die Leiden der sich tiefgreifend verändernden Welt zu finden und die Ursachen, die solche Leiden hervorrufen, beim Namen zu nennen.

# 1
# Das Erlebnis einer Bewußtseinswende

Ein abgeschiedenes Tal im Herzen Irlands lag überwältigend schön vor mir.

Grüne Hügel säumten einen See, den ein dünner Nebel an einigen Stellen verschleierte. Kleine Wellen plätscherten gegen die Uferböschung und verstärkten das Gefühl der Einsamkeit, aber auch den Eindruck eines geheimnisvollen Zaubers, den diese Landschaft umgab. Bäume, Hügel und Wiesen strömten eine Atmosphäre tiefer Ruhe aus. Ich überließ mich dieser wohltuenden Stille so sehr, daß ich schließlich meine Absicht vergaß, zum nahegelegenen Hotel aufzubrechen.

Der Tag neigte sich dem Ende zu. Ohne ein bestimmtes Ziel ging ich zur alten Klosterstadt hinauf. Ein früheres Heiligtum, das ich Stunden zuvor besichtigt hatte, war einst von den Erbauern als Fundament genutzt worden.

Ich erreichte den Friedhof, in dessen Mitte eine jahrhundertealte Kapelle mit dickwandigen Mauern stand. Ihre verwitterten Steine hatten der Zerstörungswut einstiger Angreifer getrotzt. Ich setzte mich auf eine moosüberwachsene Steinplatte. In dichten Reihen erhoben sich die Grabsteine um mich herum, deren stattliche Zahl die ehemalige Bedeutung dieser Stadt erahnen ließ. Man sagte, allein die Tatsache, in ihrer Erde bestattet zu sein, verbürge die ewige Glückseligkeit. Regen und Stürme hatten das Ihre getan, diese aus Sandstein und Marmor gefertigten Grabmale, in die die Namen der Verstorbenen sowie Daten und Bibelzitate eingemeißelt waren, in alle Richtungen zu neigen. Und die Abenddämmerung erweckte in mir den Eindruck, als würden sie sich schaukelnd vorwärtsbewegen und einen Rundgang um die Kapelle beginnen, die sie wie eine Henne ihre Küken um sich zu versammeln schien.

Ein frischer Wind kam auf, und ich entschloß mich, ins Hotel zurückzukehren. Schon nach wenigen Schritten durchzuckte ein Blitz den Himmel, gefolgt von einem gewaltigen Donnerschlag. Erschrocken blieb ich stehen. Der Gegensatz zwischen der Stille vor dem Unwetter und dem unerwarteten Aufruhr der Elemente verblüffte mich. Es begann in Strömen zu regnen. Ich suchte in der Kapelle Zuflucht, deren spitzwinkliges Steindach die Zeiten überdauert hatte.

Es gab weder Fenster noch Dachluken, die die Wände des Gebäudes hätten aufhellen können. Durch die weitgespannte Maueröffnung, die einst mit einer Tür ausgestattet war, betrat ich den stockfinsteren Innenraum. Das Licht der jähen, grellen Blitze ließ mich ein Kreuz erkennen, das aus einem Kalksteinblock gehauen schien. Es war von beachtlicher Größe und stand auf der bloßen Erde. Ich setzte mich und lehnte mich mit dem Rücken daran, um das Ende des sintflutartigen Regens abzuwarten. Eine ungewohnte Benommenheit bemächtigte sich meiner, so daß ich mich schließlich lang auf dem Boden ausstreckte und meinen Kopf auf den zusammengerollten Mantel legte.

Träumte ich, halb schlafend, halb wachend? Vermutlich. Fest steht, daß mir die Ereignisse einer Begegnung, die meinem Leben vor fünfundvierzig Jahren hatte eine unerwartete Wendung geben sollten, erstaunlich klar vor Augen standen. Sie hatte eine Bewußtseinserweiterung bewirkt, die die Realität einer zwischen höheren Vernunftebenen und menschlichem Selbst bestehenden Verbindung offenbarte – einer Verbundenheit, die sich in eine unmittelbare Eingebung verwandeln kann. Diese vermag bewußt oder unbewußt eine Wahl auszulösen, die sich als richtig erweist und mit den Erfordernissen des Augenblicks vollkommen im Einklang steht. Wir schwingen im Einklang mit dem subtilen Rhythmus der Lebensdynamik, welche PYTHAGORAS methaphorisch als *Weltseele* umschrieb, einer Dynamik, die in allem Seienden pulsiert.

Die Begegnung fand mitten im Zweiten Weltkrieg, im Sommer 1940, statt. Zu jener Zeit durchquerte ich insgeheim Spanien, um ins besetzte Frankreich zurückzukehren. Meine Aufgabe bestand darin, in Gefahr geratenen Menschen Hilfe zu leisten.

Es war in Jaca, einer kleinen Ortschaft in den Pyrenäen, unweit der französischen Grenze, wo es zu dem Zusammentreffen kam. Die Einzelheiten der heimlichen Überquerung der Iberischen Halbinsel sind für das Verständnis des Folgenden weniger von Belang. Es genügt vielleicht zu erwähnen, daß die Umstände, anders als vorgesehen, mich völlig erschöpft in eine kleine Stadt verschlugen, die ich nicht kannte.

Der Himmel war sternenübersät und die Nacht klar – ein Glück für einen in aller Heimlichkeit Reisenden wie mich, denn die Beleuchtung der Stadt war nach dem Ende des Spanischen Bürgerkriegs noch nicht wieder instand gesetzt worden. Und trotzdem, um drei Uhr früh konnte eine Polizeistreife meinem gewagten Unternehmen jeden Augenblick ein Ende bereiten. Schleppenden Schritts ging ich eine schlecht gepflasterte Straße hinab, als mein Blick von einem diffusen Licht aus einer grünlichen Kugelleuchte angezogen wurde. Sie stand in der Auslage eines Ladens mit der Aufschrift *Farmacia*.Ohne darüber nachzudenken, stieg ich zwei Stufen zum Eingang empor und drehte den Türgriff, erstaunt über meine Kühnheit. Er gab nach, und ich trat ins Innere der Apotheke. Das Klingeln einer Schelle beim Öffnen der Tür kündigte mein Eindringen an.

»Was hast du hier bloß zu suchen?« fragte ich mich und wollte mich schon davonschleichen. Eine Stimme, deren Ruhe mich beeindruckte, hinderte mich daran.

»Schließen Sie die Tür.«

Der Mann, der diese Worte sprach, wirkte klein, sehr klein, wie ein Gnom aus dem Märchen meiner Kindheit. Er stand vor einem Stehpult, den Kopf in der Höhe der schräg abfallenden Schreibplatte. Die hinter ungewöhnlich starken Brillengläsern verborgenen Augen berührten fast das weiße Blatt, das vor ihm lag. Er schrieb. Gelegentlich führte er die Feder zum Mund und überlegte lange, den Kopf hin und her wiegend. Sein Gesicht sah einnehmend aus, ich hatte Zeit, es gründlich zu studieren. Meine Ankunft zu dieser ungewöhnlichen Stunde schien die Arbeit, der er sich widmete, in keiner Weise zu unterbrechen. Eine Krone aus weißem Haar erhob sich über seine hohe und breite Stirn.

Aus Furcht, ihn zu stören, wagte ich mich kaum zu bewegen. Eine auf dem Stehpult befestigte Lampe mit grünem Schirm warf einen Lichtkegel in den Raum. Erst nach einer Weile wurde mir klar, daß der Gnom nicht schrieb, sondern komponierte und, daß er die Musik, deren Noten er auf einen Papierbogen niederschrieb, erlebte und offenbar hörte. In Wirklichkeit handelte es sich weder um einen Gnom noch um einen besonders kleinen Mann. Die geheimnisvolle Atmosphäre, die diese rätselhafte Zusammenkunft umgab, förderte meine Einbildungskraft und ließ mich in GARCIA, so hieß er, ein Wesen aus einer anderen Welt sehen.

Wie dem auch sei, als ich am Fuß des Kreuzes dieser irischen Kapelle lag, durch den Sturm, der wütend um meinen Zufluchtsort tobte, von jedem menschlichen Kontakt abgeschnitten, glitt ich in einen Bewußtseinszustand, der dem Somnambulismus nicht fern war.

Garcia hatte mich in eine Welt eingeführt, in der das Wunderbare wirkte. Allein seine Ratschläge und das durch ihn geweckte unerschütterliche Urvertrauen hatten mir geholfen, aus dem Hexenkessel des Zweiten Weltkriegs lebend herauszukommen.

Als ich an ihn dachte, spürte ich ihn, beinahe physisch präsent, an meiner Seite. Ich hütete mich wohl, die Hand nach ihm auszustrecken, denn mir war klar, daß sie nur ins Leere greifen würde. Dennoch sprach ich zu ihm. Vielleicht hatte ich auch nur das Bedürfnis, den Klang meiner Stimme zu hören, um mich zu beruhigen, obwohl ich keine Angst empfand. Vor allem hatte ich das Bedürfnis, ihm Fragen stellen zu können, die sich auf einmal aufgegriffene Themen bezogen, Fragen, die ich für wesentlich hielt.

»Haben Sie mir nicht versichert«, murmelte ich, »daß eine Verbindung zwischen den an ihrer Berufung treu festhaltenden Menschen und einer höheren Hierarchie besteht, die sich als Hüterin *des* Gesetzes versteht? Was ist das für eine Hierarchie? Handelt es sich um eine Personifizierung kosmischer Energien, die man in unseren heiligen Texten als Throne, Erzengel und Engel bezeichnet? Ist das von dieser Hierarchie gehütete Gesetz Herr der sichtbaren und unsichtbaren Energien, die sich im Kosmos offenbaren, und wenn ja, sind wir von einer unfehlbaren Inspiration geleitet?«

In der Bewußtseinsverfassung, in der ich mich befand, verwandelte sich das Prasseln der Regentropfen draußen in ein Morsealphabet, dessen Sinn ich merkwürdigerweise verstand. Ich wußte, daß Garcia mir auf seine Weise antworten würde. Die empfindungsmäßige Wahrnehmung seiner physischen Gegenwart schien mir die Wirklichkeit einer supramentalen Beziehung zu diesem außergewöhnlichen Mann zu bestätigen.

Ich erinnerte mich, daß er eines Tages behauptet hatte, mich in Jaca erwartet zu haben. Nun, aus meiner Sicht führte mich nur ein völlig unvorhersehbares Zusammentreffen unerwarteter Umstände zu ihm. Und doch kam ich nicht umhin, bei genauerer Überlegung an die Worte eines anderen Weisen zu denken, der zu sagen pflegte, daß »der Zufall nichts anderes sei als das Gesetz, das inkognito wirkt«.

Tapp, tapp, tapp – trommelten die Regentropfen hernieder, und ihre Sprache verwandelte sich in eine Botschaft. »Du trägst die Antwort auf deine Fragen in dir. Ein Schatz liegt in deinem Unterbewußtsein begraben. Die Quintessenz deiner vergangenen Erfahrungen löst ein Verständnis aus, das deine Wahrnehmungskräfte belebt. Vielleicht vermögen unwägbare Impulse in dir die Erinnerung an das wachzurufen, was du vergessen hast.«

Tapp, tapp, tapp – der wolkenbruchartige Regen wich vereinzelten, kleinen Tropfen. Das Grollen des Donners verlor sich am Horizont. Ich schlief ein.

Als ich die Kapelle verließ, spielte die Sonne Verstecken mit den Wolken, die wie Wattebäuschchen an einem tiefblauen Himmel entlangschwebten.

# 2
# Die Gralsbotschaft: der Bund des Menschen mit dem Göttlichen

Reisebusse mit leuchtenden Farben entluden ihre Besucherfracht, Touristen, die von weither kamen, um all das zu bestaunen, was die Fremdenverkehrskataloge ihnen anpriesen.

Nachdenklich begab ich mich zum Hotel, das ich am Tag zuvor verlassen hatte, ohne das für mich reservierte Zimmer bewohnt zu haben. Ich fragte mich, ob GARCIA wohl noch lebte. Ich wünschte es sehr, konnte aber nicht daran glauben. »Vielleicht stehe ich im Überbewußtsein mit ihm in Verbindung«, sagte ich mir. Die Tatsache, daß unsere Zusammenkunft in einem entscheidenden Moment stattgefunden hatte, würde dafür sprechen und zugleich beweisen, daß unser Geleitetwerden mit der Ordnung der Welt in Zusammenhang steht. Ich war davon überzeugt, aber es ist besser, nicht unbedingt eine Bestätigung zu suchen, auch wenn man es gerne möchte.

ODILE erwartete mich in der Hotelhalle.

»Ich war beunruhigt«, meinte sie. »Man sagte mir, daß man Sie seit gestern nicht mehr gesehen habe.«

»Ich hoffe, Sie halten mich nicht für einen Schlafwandler«, bemerkte ich lächelnd. »Die Nacht habe ich auch nicht etwa in einer gottverlassenen Spelunke verbracht. *Sie* haben mich doch zu einem Besuch dieser an Zeugnissen der Vergangenheit so reichen Insel angestiftet. Ich werde Ihnen von meinen nächtlichen Gedanken erzählen und einige Erwägungen daran knüpfen, die mir in den Sinn gekommen sind.«

Ich kannte Odile seit Jahren. Die junge Französin liebte Irland schon lange und hatte sich hier als Yogalehrerin niedergelassen. Odile war intelligent, wußte sich mit Anmut zu bewegen und war nicht ohne Charme. Als sachkundige und zuvorkommende Fremdenführerin bemühte sie sich in ihrer heiteren und lebensfrohen Art, mir alle auf meiner Reise auftretenden Hindernisse aus dem Weg zu räumen.

Einige Wochen zuvor hatte sie mich schriftlich gebeten, ein Seminar abzuhalten, das auf dem Landsitz ihrer Freundin stattfinden sollte. Diese Dame wünschte dort ein Kunst- und Kulturzentrum ins Leben zu rufen, was bekanntlich nicht leicht ist.

»Erzählen Sie uns vom *Gral*«, hatte sie mir vorgeschlagen, »oder vielmehr von der Suche nach dem Gral im dritten Jahrtausend. Die Zuhörer hier sind aufgeschlossen und empfänglich. Sie werden Ihren Vortrag zu würdigen wissen.«

Auf der Fahrt zu dem Landsitz faßte ich meine Eindrücke der vergangenen zwölf Stunden zusammen. Ich möchte«, schloß ich, »eine Nacht in einem der prähistorischen Heiligtümer verbringen. Denn diese Erfahrung könnte mir helfen, manche meiner Vorstellungen zu bestärken oder zu entkräften.«

Odile war, wie ich sah, nachdenklich geworden und beschränkte sich darauf, mit einer Kopfbewegung ihr Einverständnis anzudeuten.

»Ich möchte«, fuhr ich fort, »während des Seminars keine x-beliebige Theorie entwickeln. Ich sehe im *Mythos vom Gral* die Aufforderung, ihn auf meine Weise zu *erringen*. Meiner Ansicht nach hat die Tafelrunde des König ARTUS ihren Sitz im Herzen eines Heiligtums, weil nur dort eine fundamentale Betrachtung stattfinden kann.«

»Ich kenne einen idealen Ort«, versicherte sie mir. »Ich werde Sie an einem bestimmten Tag dorthin bringen. Ich denke an ein eindrucksvolles historisches Bauwerk aus der megalithischen Zeit. Die architektonische Gestaltung ist außergewöhnlich, da die Wölbung des Heiligtums und auch seine Einfriedung den ungünstigen Witterungsverhältnissen sechstausend Jahre standgehalten haben. Zur Wintersonnenwende dringt bei Sonnenaufgang ein Lichtstrahl ins tiefschwarze Innere des Monuments, um den beginnenden Frühling anzukündigen. Kennen Sie die Worte des Druidendichters: ›Ich bin der Stein im Fluß der Zeit‹? – Nun«, sagte sie, ohne meine Antwort abzuwarten, »als ich es besuchte, fühlte ich mich, als sei ich ein Stein, und hatte das Empfinden, der Unvergänglichkeit der Stätte anzugehören.« Die Augen auf die kurvenreiche Straße gerichtet, fügte sie hinzu: »Nirgendwo anders als in diesem Land verbinden sich eisgrauer Dunst und grüne Natur mit einem duftigen Hauch, um die Symbiose von Himmel, Erde und Mensch zu versinnbildlichen.«

Odile steuerte ihren Wagen mit meisterhaftem Geschick. Wir fuhren schnell, sie konnte es kaum erwarten anzukommen. In Gedanken muß sie bei dem Seminar gewesen sein, das sie vielleicht als Sprungbrett zu weiteren und ähnlichen Aufgaben betrachtete.

Trotz ihrer eben erst 35 Jahre war die junge Frau schon viel gereist und kannte die UdSSR, China, Japan und Indien. Da sie den richtigen Lebenspartner noch nicht gefunden hatte, gab sie sich ganz ihrer spirituellen Suche hin, bei der ihr Yoga als Ansatz- und Ausgangspunkt diente.

»Ich möchte gern schreiben«, erklärte sie mir, »nicht um meine Reiseerlebnisse zu schildern, sondern um von Begegnungen mit Männern und Frauen zu berichten, die überall auf der Welt an der Übermittlung *einer* wesentlichen Wahrheit mitwirken. Ich weiß, daß sie allerorts die gleiche ist, aber Unwissenheit und Unaufrichtigkeit haben sie entwürdigt und entstellt. Pauline, die Sie gleich kennenlernen werden, denkt wie ich. Ich bin Ihnen sehr zu Dank verpflichtet, daß Sie ihre Einladung angenommen haben. Sie hat keinen Pfennig Geld und führt ihr Landgut aufs Geratewohl. Park und Bäume sind von einzigartiger Schönheit. Das Gebäude ist leider verfallen, und der Komfort läßt sehr zu wünschen übrig. Ich hoffe, daß Sie dies nicht stört!«

PAULINE, die Herrin des Gutes, wirkte sympathisch auf mich. Klein und untersetzt, mit aufgeschlossenem Gesicht, heller Haut und lichtblauen Augen, die Haare mit einem malvenfarbenen Band zu einem

Knoten geflochten, entsprach sie unschwer dem Bild, das man sich von einer Burggräfin einer vergangenen Epoche machen konnte. Sie verstand es, ihre Gäste mit einigen den Umständen angemessenen Worten zu empfangen und Verbindungen unter Menschen herzustellen, die einander nicht kannten.

Am gleichen Abend, es war ein Samstag, kam die vollzählig versammelte Gruppe, ungefähr dreißig Personen, in dem großen Empfangszimmer zusammen. Die zum Park gerichteten breiten Fensteröffnungen boten nur einen spärlichen Schutz gegen die für diese Jahreszeit ungewöhnlich frostige Temperatur. Ein Holzfeuer knisterte fröhlich im Kamin. Es strahlte wenig Wärme aus, täuschte aber zumindest wohlige Wärme vor.

Alle Gäste nannten der Reihe nach ihren Namen und fügten meist einige Worte hinzu, um ihr Interesse am Thema und besonders an dem einen oder anderen Aspekt, den sie behandelt zu sehen wünschten, zu bekunden.

Ich setzte mich an den Tisch, der auf einem kleinen Podium stand. Pauline trat zu mir und wandte sich mit einführenden Worten an ihre Gäste, die im Halbkreis um uns herum saßen. Dann übergab sie mir das Wort und nahm in einem Sessel in der ersten Reihe Platz.

Ich wünschte den Versammelten einen guten Abend und fuhr sogleich fort: »Zwischen der Verneinung und der Bejahung des Göttlichen, zwischen Zweifel und Gewißheit irrt der Mensch auf den Wegen des Daseins umher, getragen von dem Bestreben, den Sinn seines Schicksals zu ergründen. Er ist es sich schuldig, den Irrtum zu erkennen und die Wahrheit zu sehen. Die Dinge der scheinbar realen Welt verhüllen eine Wirklichkeit, die zu erfassen er berufen ist. Doch vom Schein der Dinge geblendet, setzt er das Gelingen seiner Bemühungen aufs Spiel. Er möchte über sich hinauswachsen, um sich der Vernunft des Geistes zu öffnen, aber er weiß nicht wie. Seine Suche nach der Wahrheit ist der *Suche nach dem Gral* verwandt, jenem mystischen Gegenstand, der das ewige Streben des Menschen versinnbildlicht, denn der Gral soll das Geheimnis von Tod und Auferstehung enthalten.

Wer sucht denn nicht seine Berufung zu erkennen und die näheren Umstände eines allzuoft mißdeuteten Schicksals zu erschließen, um zu verstehen, warum er geboren ist, und zu lernen, den Tod nicht zu fürchten? Wenn uns das Leben nicht rein zufällig und ohne jede Bestimmung gegeben ist, muß es möglich sein, auf einem Weg vorwärtszuschreiten, der zum Glück führt.

Symbole, Mythen und Legenden dienen als Wegweiser auf den Pfaden des Daseins. Ihre Sprache ist verschlüsselt, aber ihre Botschaften setzen Kräfte des Unterbewußtseins frei, die eine wesentliche Bewußtwerdung erleichtern. Diese Bewußtwerdung verändert alles, denn an die Stelle der Angst tritt Vertrauen. Man wirft falsche Meinungen, Vorurteile und Ideologien über Bord – Gefängnisse, in denen man sich wohl fühlt, weil man nicht wagt, frei zu sein.

Um uns mit der Botschaft der zahlreichen Erzählungen, die insgesamt die Mythologie vom Gral bilden, vertraut zu machen, sollten wir uns daran erinnern, daß der Gral in Mythen und Legenden unter anderem als durchscheinender Juwel, als aus Smaragd geschliffener Kelch, als magisches Gefäß oder mit Licht umwobenes Schiff, aber auch als eine die Weisheit der Welt enthaltende Arche und als Buch bezeichnet wird. Es ist keine absurde Idee, den Gral als ein Symbol des wesentlichen Anliegens der Menschen zu verstehen.

Wenn wir mit RICHARD WAGNER davon ausgehen, daß PARZIVALS Sohn LOHENGRIN, der sich den Gral errang, das göttliche Gesetz auf Monsalvat (Montsalwatsch), dem Berg des Heils, wieder einsetzte, dann versinnbildlicht eine der häufigsten Gralsdarstellungen, der Kelch, wahrscheinlich eine kosmische Christologie.«

Pauline hob die Hand.

»Können Sie uns erklären, was eine Christologie ist, lieber Frédéric? Ihre Sprache ist bildhaft, aber manchmal schwerverständlich.«

»Es ist gut, daß Sie mich zur Ordnung rufen«, bemerkte ich lächelnd. »Das dem Substantiv *Christologie* beigefügte Attribut *kosmisch* verleiht diesem Begriff einen erweiterten Sinn. Wenn Sie in einem Wörterbuch nachschlagen, werden Sie feststellen, daß die Christologie ein Teil der Theologie ist, die von CHRISTUS als Person, seiner Beziehung zu Gott und den Menschen handelt. Im übrigen wissen Sie sicherlich, daß *Kosmos* ein Wort griechischen Ursprungs ist und *Ordnung* bedeutet, im übertragenen Sinn eine transzendentale Ordnung, ein harmonisch geordnetes *Ganzes*, dessen Spiegel unsere Welt wäre. Aus dieser Perspektive betrachtet, entspricht die kosmische Christologie einer Vision, durch die der Tod und die Auferstehung des Sonnenherrn, Christus, als magisches, strahlendes Licht wie eine Offenbarung des Lebens aufgefaßt werden müßte. Christus, das kosmische Wesen, hätte in menschlicher Gestalt den Opfertod gewählt, um das ewige Leben zu bezeugen.

Dieser Auslegung entsprechend verbindet Christus, das kosmische Wesen, kraft seiner Universalität die geistigen Vorstellungen der Antike mit der christlichen Suche nach dem Gral. Sie versinnbildlicht die Essenz des göttlichen Gesetzes, das zum Heil führt. Somit personifiziert Lohengrin auf dem ›Berg Salvat‹ die Menschheit auf der Suche nach der Wahrheit.

Da wir das Thema auf diese Ebene gestellt haben, möchte ich ausdrücklich betonen, daß die *Gedankenwelt der Ritterschaft* zu einem Erbgut gehört, das von zeitloser Gültigkeit ist. Die Behauptung, unsere Zeit habe sich vom ritterlichen Ethos abgewandt, müßte uns an ihr verzweifeln lassen. Die Behauptung, daß es unter den Millionen leidenden und sich in Frage stellenden Menschen keine gäbe, die sich der Bedeutung des Einsatzes bewußt wären, käme einer Schmähung gleich.

Kommen wir auf den Gral zurück, ohne jedoch zu vergessen, daß die Symbolsprache einen Code enthält, dessen Entzifferung sich je nach Benutzer verändern kann. Jede vergegenständlichende Auslegung ist daher mit Vorsicht anzunehmen.

Die Frage ist berechtigt, warum der Gral – aus dem der Überlieferung nach Christus beim letzten Abendmahl trank und in dem sein Blut am Kreuz aufgefangen wurde – in Anbetracht seiner kosmischen Symbolik vornehmlich als Schale oder Kelch dargestellt wird. Vielleicht aus dem Grund, weil ein Kelch dazu bestimmt ist, gefüllt zu werden. Nur in einer mentalen *Leere* sind wir imstande, eine wesentliche Wahrheit zu erfassen.«

Ich unterbrach meine Darlegung für einen Augenblick, um die Reaktion meiner Zuhörer abzuwarten. Die Aufmerksamkeit hatte nicht nachgelassen, deshalb fuhr ich fort:

»LAOTSE paraphrasierend könnte man sagen, daß das Wesen eines Kelches die Leere ist. Gäbe es die Leere nicht, so könnte man ihn nicht füllen. Alle sogenannten autogenen Übungen, ob Zen, Yoga, Meditation oder japanische Kampfkünste, streben die mentale Leere an, um gerade das wahrzunehmen, was sich zumeist der Wahrnehmung entzieht. ›Horcht in euch hinein und betrachtet die Unendlichkeit des Raumes und der Zeit‹, hatte PYTHAGORAS einst vorgeschlagen und hinzugefügt: ›Hört den Gesang der Sterne, versteht die Sprache der Zahlen und vernehmt die Harmonie der Sphären.‹

Die Harmonie der Sphären wahrnehmen, heißt sich einer immanenten Logik bewußt werden, einer Logik, welche den Aufbau der Natur, und demnach ihr Gesetz, offenbart.

Den Gesang der Sterne hören, heißt *die* überweltliche Ordnung ergründen, deren Ausdruck das Universum ist. Die Sprache der Zahlen verstehen, heißt das Geheimnis des Lebensrhythmus zu erforschen.«

Tiefe Stille herrschte im Raum.

»Wir sollten uns dessen bewußt sein, daß die Suche nach Kesseln, Vasen oder Kelchen als Gefäße für göttlichen Trunk oder himmlische Ambrosia in allen Ländern und Kulturen ihren mythologischen Ort hat. In Indien sollen sie den *Soma*, Opfertrank des heiligen Rausches, enthalten haben. In Persien war es der Saft des *Lebensbaumes*, und der Erzdruide DAGDA, einst König der gallischen Vorfahren, besaß einen Kessel, der durch den Atem von neun Jungfrauen erhitzt wurde. Der Kessel enthielt Blut, in das man die Toten tauchte, damit sie zu neuem Leben erweckt würden. Die Sage vom Heiligen Gral könnte hiervon abgeleitet worden sein.

Wir sollten ohne Umschweife auf sie zu sprechen kommen und an die Worte JESU beim heiligen Abendmahl denken.

Der Herr zeigte seinen Jüngern einen Kelch, in dem sich der Wein mystisch zu Blut verwandelt hatte, und sprach: ›Dieser Kelch ist der neue Bund in meinem Blut, das für euch vergossen wird!‹ In diesem Kelch fing JOSEPH VON ARIMATHIA am Ölberg das Blut Jesu Christi auf. Der Kelch verschwand, und seither suchten ihn nicht nur die Ritter des Grals, sondern alle, die ihre Seele finden wollen.

Die Sage hat ihre Suggestivkraft bis heute behalten. Im Zweiten Weltkrieg stellte Oberst Rahn auf ausdrücklichen Befehl HITLERS eine Expedition nach ›Okzitanien‹ (Südfrankreich) zusammen, um die Höhlen in der Umgebung der Schloßruinen von Montségur zu erforschen. Dieser Vorfall verdient es, ausführlicher betrachtet zu werden. In Deutschland stand ein Mann in dem Ruf, ein einschlägiger Kenner auf dem Gebiet der Gralsforschung zu sein. Er hieß OTTO RAHN. Meines Wissens verübte er 1939 Selbstmord, weil er seine arische Abstammung anscheinend nicht beweisen konnte. Ein Oberst Rahn übernahm die Aufgabe, die ihm der Führer des Dritten Reichs anvertraut hatte. Die beiden Personen standen offenbar in keinem Verwandtschaftsverhältnis zueinander, aber es ist durchaus möglich, daß es sich um die keineswegs zufällige Wahl eines Pseudonyms handelte.

Ich bin davon überzeugt, daß Oberst Rahn sich hinsichtlich seiner Chancen, einen Kelch zu finden, keine Illusionen machte. Sicher hingegen ist, daß Hitler sich sehr für die Geschichte des okzitanischen Mittelalters interessierte. Wahrscheinlich wurde dieses Interesse von den Leitern der Geheimgesellschaft *Thule* in ihm geweckt, die die esoterische Gedankenströmung innerhalb des Nationalismus beeinflußte. Ihnen auch verdankte ein Gefreiter seinen kometenhaften Aufstieg, wurde er doch auf den Gipfel der Macht katapultiert.

Die Runen waren die Schriftzeichen der nordischen Völker. Der Pangermanismus ging aus nordischen Ursprüngen hervor, und da man in den Höhlen der mittelalterlichen Sekte der *Katharer* Runeninschriften entdeckt hatte, dürfte die von Rahn geleitete Expedition vorgehabt haben, diese zu entziffern.

Vergessen wir nicht, daß der Heilige Gral gelegentlich auch als Weisheitsbuch bezeichnet wurde. Offensichtlich wollte Hitler in diesem Buch die Wurzeln einer sehr frühen okkulten Tradition erforschen, die er auf seine Weise zu ehren gedachte und deren Schlüssel die Runenschrift war. Der durch zwei stilisierte S geformte doppelte *Sonnen-Sieg*, Sigel der berüchtigten SS, stimmte mit den ersten Buchstaben dieses Alphabets überein.

Hinzu kommt noch, daß in der okzitanischen Sprache *grasale* Vase bedeutet und *gradale* Buch (mittellateinisch *gradalis* ist ein Stufenkelch). Diese phonetische Annäherung gibt eine Vorstellung von der okkulten Ambivalenz des Grals, gleichermaßen Urzustand und Urtradition bedeutend. Aus diesen Gegebenheiten mag ein jeder die Folgerungen ziehen, die er für angemessen hält. Verzichten wir darauf, Mutmaßungen anzustellen.«

Ein junger Deutscher näherte sich dem Tisch, hinter dem ich saß. Er war zufällig zu Pauline gekommen, wie ich später erfuhr.

»Darf ich Ihnen drei Fragen stellen?« murmelte er.

»Stellen Sie sie«, ermutigte ich ihn, »aber wenden Sie sich den Zuhörern zu, damit man Sie hören kann, und sagen Sie uns bei dieser Gelegenheit etwas über sich.«

Schlecht rasiert und schlecht gekämmt, wandte sich der junge Mann, der etwa zwischen fünfundzwanzig und dreißig Jahren alt war, den Anwesenden zu.

»Ich bemühe mich, den Frieden zu fördern, und will mich in eine brüderliche Gemeinschaft einordnen, die alles teilt, um eine bessere Welt vorzubereiten. Ich habe zwei unglückliche Erfahrungen gemacht. Man nimmt gern eine sogenannte brüderliche Haltung ein, aber sobald persönliche Interessen im Spiel sind, bleibt der Konflikt nicht aus. Ich habe Theologie studiert, doch das Gelehrte stellte mich nicht zufrieden. Irland ist ein gastlicher Boden, und ich bin auf der Suche nach dem Absoluten, dem Unumschränkten, hierher gekommen. Helfen Sie mir, es zu finden.« Stockend suchte er nach Worten, denn er beherrschte die Sprache schlecht, drückte sich aber sehr klar aus. Wie er lassen sich unzählige Menschen von einem Ideal leiten und träumen vom Frieden, den sie in sich nicht verwirklichen können.

»Die Zeit vergeht«, erinnerte ich. »Stellen Sie Ihre Fragen, und fassen Sie sich möglichst kurz!«

»Ich werde mich kurz fassen. Wie kann die Gralssage mir helfen, die Schwierigkeiten zu bewältigen, die heute über uns und mich hereinbrechen? Welche Verbindung besteht zwischen dem Gral und den Katharern? Warum hat Otto Rahn sich das Leben genommen, warum ist er nicht ins Ausland geflohen, wo man ihn mit offenen Armen empfangen hätte?«

»Ihre drei Fragen scheinen untereinander keinen Bezug zu haben«, stellte ich fest. »Dennoch besitzen sie eine Verbindung. Sie wird unser Ariadnefaden sein. Ich werde ihn deshalb abwickeln und mich meinerseits bemühen, mich kurz zu fassen. Beginnen wir mit der dritten Frage.

Indem er eine Dosis Zyanid einnahm, wollte der bekannte Geisteswissenschaftler Otto Rahn mit dieser aufsehenerregenden Geste gegen die Politik der damaligen Machthaber protestieren. Er war sich darüber im klaren, daß sie aus seinen Mitbürgern nie *Vollkommene* im katharischen Sinn des Wortes machen würde, also Eingeweihte, Erben der druidischen Weisheit, die ihn aufs tiefste geprägt hatte.

Diese Feststellung führt uns zur zweiten Frage, die sich auf den verbindenen Zusammenhang von Gral und Katharern bezieht. Letztere übernahmen die von MANES – Stifter einer Religion universalen Charakters – überprüften und verbesserten druidischen Einweihungslehren, deren Ursprünge sich in den Nebeln des mythischen Landes Hyperborea verlieren. Der sonnengleiche APOLLON, so sagte man, offenbarte sich seinem erwählten Volk, den Hyperboreern, in einem Kelch. Dieser Mondkelch des Sonnengottes versinnbildlicht mythisch das Strahlen der geistigen Sonne – und als Erbe der griechisch-persisch-druidischen Tradition erblickten die Katharer in dem Gral das Symbol dieses Lichtes, das ihnen bestimmt war.

Ihrer Ansicht nach war der Gral ein Kelch, den die Engel in 144 Facetten in den Smaragd geschliffen hatten, der einst zwischen den Augen LUZIFERS ruhte, aber verlorenging, als der Erzengel sich in die tiefste Materie stürzte, um dort den göttlichen Funken zu bewahren. Der Kelch fiel nach dem heiligen Abendmahl auf den heiligen Berg, den Berg Montségur, und dieser spaltete sich, um Schrein des Kelchs zu werden, in dem sich der göttliche Geist befand. Nach dem katharischen Glaubensbekenntnis war der göttliche Geist mit Christus identisch. Christus entsprach dem kosmischen Wesen, das menschliche Gestalt annahm, um den Menschen die Umwandlung ihrer Kräfte in Weisheit und Liebe zu ermöglichen.

Weisheit und Liebe sind Eigenschaften des *Seins*, das wir unserem Wesen nach sind. Demzufolge können Sie jetzt, in diesem Augenblick, Ihre Natur lichtdurchlässig machen für die geistige Strahlung, das Christuslicht, um die Schwierigkeiten des Alltags zu überwinden und Ihr persönliches Schicksal zu meistern. Nehmen Sie es an, so wird das Wunder geschehen, das der Geist unmittelbar vollbringen kann.

Ihre erste Frage ist damit beantwortet.«

Nach einer kurzen Pause fügte ich hinzu: »So gesehen wird selbst eine monotone Arbeit, aus innerer Freude verrichtet, zur Quelle tiefster Genugtuung. Vielleicht finden Sie in ihr Anhaltspunkte und Wege, die Ihren Ausdrucksmöglichkeiten eher entsprechen. Der Ariadnefaden ist ein Lichtfaden, der eint, was getrennt scheint. Ich hoffe es Ihnen bewiesen zu haben.«

Ein Glöckchen läutete.

»Teezeit!« rief Pauline.

Die Stunde des hochheiligen Tees hatte geschlagen – ein sehr sympathisches Getränk, übrigens. Die Unterbrechung war willkommen, erlaubte sie doch den Austausch von Gedanken und Worten im Rahmen einer Wahrheitssuche, die zunehmend an Boden gewinnt und das zentrale Thema der regen Gespräche bildete.

Nach Wiederaufnahme der Arbeit in unserem Seminar meldete sich ein Arzt zu Wort.

»Ich bin Theosoph und angenehm überrascht, einen Glockenklang zu hören, der mich erstaunlicherweise an unsere Lehre erinnert, die jedoch die Gralssage nicht eigens erwähnt. Die Weisheit des Morgen- und die des Abendlandes scheinen sich zu vereinigen. Und die russische Theosophin HELENA BLAVATZKY versuchte nichts anderes, als diese Symbiose zu unterstützen. Wenn ich mich nicht irre, soll Jesus den mythischen Kelch beim heiligen Abendmahl benutzt haben. Macht die Legende nähere Angaben darüber, wie der Kelch zu ihm gelangte?«

»Lassen wir uns nicht verleiten, die Mythen, Legenden und Symbole logisch zu erklären«, antwortete ich. »Versuchen wir, ihre Botschaft zu erfassen, indem wir an ein Wahrnehmungsvermögen appellieren, das jenseits der Erzählung das enthüllt, was sie einem vordergründigen Verständnis verdeckt.

Stellen wir uns vor – so wie die Sage es berichtet –, daß Engel Jesus den Kelch überbracht haben. Stellen wir uns weiter vor, daß die Apostel ihn auf Geheiß des Herrn leerten und daß Jesus den Kelch Joseph von Arimathia übergab.

Stammt das kostbare Blut, das den Kelch füllte, aus der Wunde, die der Zenturio LONGINUS dem gekreuzigten Herrn zufügte? Aus Barmherzigkeit, weil er Jesus' Leiden abkürzen wollte, durchstieß der römische Krieger dessen Seite mit einer Lanze. Nach der Sage war es diese Lanze, die die Wunden des Königs AMFORTAS auf dem Gralsschloß heilte.

Oder lief das Blut aus den Wunden, die die Dornenkrone verursachte? Wie dem auch sei, das Blut des

Herrn ist ein Lebenselexier, und siese Tatsache allein erklärt eine Suche, die immer noch andauert.

Der Abendmahlskelch und der Tisch, auf dem die das Lebenselixier enthaltende Schale ruhte, verschwanden. Wurden sie auf dem Berg Montségur verborgen?

Allein die Botschaft ist wichtig, und jedem von uns ist es anheimgestellt, sie auf seine Weise zu deuten. Sie entzieht sich jeglicher starr gehandhabten Auslegung.

Vereinfachend läßt sich sagen, daß die Suche des Menschen im Laufe seiner Wanderungen auf Erden sich zwischen zwei Polen abspielt: der Verneinung des Göttlichen und der Bejahung des Göttlichen. Der Mensch sucht Sicherheiten, die er nirgends finden kann. Er möchte sich in die Sphäre der Vernunft des Geistes erheben, um zum Wesentlichen zu erwachen und sich von den Zwängen des Alltags zu befreien.

Um den Kelch zu erringen, der ihm das Mysterium des Todes und der Auferstehung offenbaren würde, muß er die Beziehungen der Dinge zueinander entdecken, auch wenn diese anscheinend in keinem Bezug zueinander stehen. Manes hatte dies sehr wohl verstanden. Seine Lehre hat die Katharer und infolgedessen die Niederschrift der mündlichen überlieferten Sage, so wie wir sie kennen, in hohem Maße beeinflußt.

Die grundlegende Idee Manes', dem, wie bereits erwähnt, eine universale Religion vorschwebte und der die hinduistischen, zoroastrischen, buddhistischen und christlichen Traditionen symbiotisch zu vereinen gedachte, beruht auf der Überzeugung, daß die *Befreiung* nur durch Erkenntnis möglich sei.

Sich auf die christliche *Gnosis* stützend – das Wort stammt aus dem Griechischen und bedeutet Erkenntnis –, betont der *Manichäismus* den Dualismus von Gut und Böse.

Gemäß seiner Lehre herrscht das Böse auf Erden und hindert den Menschen daran, zum göttlichen Licht zu gelangen. Folglich sollte er sich von allem, was irdischen Charakters ist, abwenden, um das Gute zu erreichen.

Durch den Manichäismus gelangten die aus morgenländischen Weisheitsquellen schöpfenden Unterweisungen nach Europa, wobei diese Lehren nicht immer nach dem Geschmack der Theologen waren. Die Inquisition mischte sich ein, und wir wissen, welches Ende die Katharer nahmen.

Beenden wir unser Gespräch damit, daß wir den Namen der beiden Helden des Grals, den *Perceval* CHRÉTIEN DE TROYES und den *Parzival* WOLFRAM VON ESCHENBACHS, näher betrachten.

Die beiden Dichter lebten zur gleichen Zeit im Mittelalter. Zwei nicht nachweisbare Hypothesen drängen sich auf. Die erste bezeichnet Perceval als denjenigen, der – im Französischen *percé le voile* – den Schleier des Mysteriums gelüftet hat. Somit ist er derjenige, der sich der Eroberung des magischen Kelches würdig erwies.

Die zweite geht davon aus, daß die Silbe *Parzi* des Wortes Parzival einen Sektenbegründer ZOROASTERS bezeichnet. Auch heute gibt es in Indien zahlreiche

Parsi, Anhänger des dem Manichäismus verwandten Zoroastrismus. *Val* oder *Fal* ist in diesem Fall ein Begriff, der sich auf ein Wesen einfachen Gemüts bezieht, und im übertragenen Sinn auf ein reines Wesen, das sich von den unheilbringenden Mächten abwendet, um das Licht zu erlangen.

Worin auch immer die Bedeutung dieser Überlegungen liegen mag, den tiefgründigen Sinn des Mythos, der für die Männer und Frauen des bald anbrechenden einundzwanzigsten Jahrhunderts maßgebend erscheint, dürfen sie nicht unterschlagen.

Seien wir uns bewußt, daß die Herrschaft, die die Menschen auf dem Gebiet der Technologie, der Biologie und der Atomwissenschaft, der Genetik und der Medizin – um nur einige Wissenschaftsdisziplinen zu nennen – gewonnen haben, eine unendlich große Weisheit verlangt. Paradoxerweise kompliziert diese Herrschaft über die Natur die Probleme einer Welt, in der die wahre Vernunft fehlt.

Die Botschaft der Gralssage soll demnach eine Hoffnungsbotschaft sein. Unser Verständnis muß zu jenen Gipfeln führen, die das Licht des Geistes erhellt. Dadurch, so will es die ritterliche Tradition, gelingt es, das zu befreien, was in jedem von uns gefangen ist – das göttliche Sein.«

# 3
# Visionen an der Pforte der Mysterien der Natur

Wir verließen Paulines Wohnsitz, und Odile und ich fuhren zu dem Heiligtum, von dem mir meine Begleiterin erzählt hatte. Sie unterbrach das Schweigen, das wir seit unserer Abfahrt gewahrt hatten, und bat mich, ihr die wesentlichen Aspekte der heiligen Texte zu erläutern, die die Ritterschaft von einst inspiriert hatten und die heute immer noch gültig sind.

»Ich könnte etliche zitieren«, sagte ich, »will mich aber damit begnügen, zwei zu nennen, die unmittelbar miteinander verknüpft sind: Ein Leitsatz lautet, man solle den Kampf annehmen, wenn er einem aufgezwungen wird, jedoch keinen persönlichen Vorteil dabei suchen und nicht nach den Leidenschaften handeln, sondern gelöst, doch mit der Schärfe der notwendigen Klarsicht. Ein anderer Leitsatz fordert, *das* Gesetz zu verteidigen und nicht das eigene Gesetz. Das Gesetz, dem alle Energie gehorcht, offenbart sich im Kosmos. Man kann es das göttliche Gesetz nennen, das Gesetz der Harmonie, der erhabenen Ordnung.«

»Glauben Sie, daß das möglich sei?« gab Odile zu bedenken.

»Es ist nicht leicht, vor allem deshalb, weil eine falsche Elite sich einbildet, die Wahrheit für sich gepachtet zu haben, und das, was sie besitzt, nicht preisgeben will.«

»Wir sind gleich da«, erklärte die junge Frau nach einer Weile. »Ich setze Sie am Eingangstor ab, es sei denn, Sie wünschen, daß ich Ihnen noch einen Augenblick Gesellschaft leiste, bevor Sie aufbrechen. Sie sind aber nicht wirklich sicher, daß Sie Erfolg haben werden?«

Ich schüttelte den Kopf.

»Holen Sie mich morgen früh ab. Wenn ich mir den Rückweg abschneide, wird mein Entschluß um so fester sein. Vielen Dank und gute Rückfahrt.«

Ich nahm die Eintrittskarte, die mir die junge Dame hinter dem Schalter einer Holzbaracke reichte, und passierte munteren Schrittes die Drehtür, die zu dem Kulturdenkmal führte. Zahlreiche Touristen hatten sich auf dem Rasen um das Denkmal herum niedergelassen. Als die Sonne zu sinken begann, brachen sie jedoch bald auf. Ich setzte mich auf einen gräulichen Stein von beeindruckendem Umfang. Er war mit aneinandergereihten Spirallinien verziert, deren Bedeutung ich nicht kannte. Der Stein lag an der Schwelle zu dem Gang, der ins Innere des Bauwerks führte, und erinnerte einst wohl die Pilger daran, daß sie ein Heiligtum betraten.

Mir fielen die Worte WILLIAM BUTLER YEATS' ein, des großen irischen Dichters. Ich hatte sie kurz zuvor in einem Buch, das Odile mir geliehen hatte, unterstrichen: »Das alte Irland konnte alles, und erst durch das *Maß* wuchs seine Macht.« Welches Maß mochte hier gemeint sein? War es das Gegenstück zur Maßlosigkeit?

Die Sonne war untergegangen. Ich war allein. Die junge Frau, die mir vorher meine Eintrittskarte gegeben hatte, kam auf mich zu und richtete fragend ihren Blick auf mich.

»Sie müssen uns verlassen«, sagte sie mir mit freundlicher Stimme. »Besucher haben zu dieser Stunde leider keinen Zutritt mehr.«

Mit einem Kopfnicken stimmte ich ihr zu, ohne mich jedoch von der Stelle zu rühren.

Sie war hochgewachsen und wohlproportioniert. Sommersprossen bedeckten ihre kleine, leicht gebogene Nase, ihre Lippen zeichneten sich in harmonischen Linien ab. Ihr Gesicht, ihre klaren und eindrucksvollen Augen und ihre Redeweise waren sympathisch. Deshalb entschloß ich mich, geradewegs aufs Ziel zuzugehen.

»Könnte ich nicht eine Nacht in dem Heiligtum verbringen? Ich bin Schriftsteller und, wie ich meine, sehr empfänglich für die magischen Kräfte aus früherer Zeit, die mich vielleicht zu inspirieren vermögen. Wenn Sie es mir gestatten, wäre ich wirklich sehr glücklich.«

Mein ungewöhnliches Ansuchen traf sie völlig unvorbereitet. Nach kurzem Zögern setzte sie sich an meine Seite, sichtlich erstaunt.

»Ich heiße Eona. Ich bin Studentin der Archäologie, und ich bin ganz verliebt in diese Stätte. In meinen freien Stunden mache ich mal hier mal dort Ausgrabungen, um eine Vergangenheit in mir lebendig werden zu lassen, von der ich glaube, sie gekannt zu haben.« Sie hielt inne. »Warum erzähle ich Ihnen das alles? Ich hatte Sie nur bitten wollen, das Gelände zu verlassen.« Ich regte mich nicht.

»In Wirklichkeit«, fuhr sie fort, »weiß ich, warum ich mich bei einem Fremden aufhalte. Vorgestern träumte ich, daß *ich* eine Nacht in dem Heiligtum verbringen würde. Ich habe noch nie den Mut dazu gehabt. Vielleicht ist es ein Zufall, aber ich glaube nicht...« Errötend stockte sie. »Was für eine Torheit, so etwas Dummes überhaupt in Betracht zu ziehen. Gehen wir lieber, am besten sogleich.«

Ich ergriff ihren Arm und hielt sie davon ab, aufzustehen. »Ich glaube, jetzt sollte ich von mir erzählen. Ich heiße Frédéric. Meine weißen Haare, besser gesagt, das, was von ihnen übriggeblieben ist, verraten mein Alter. Ich reise sehr viel, weil ich davon überzeugt bin, daß ich meine Berufung erfülle, wenn ich meine Gesprächspartner dazu anrege, ihre mentalen Beschränkungen zu überschreiten, um auf eine neue Bewußtseinsebene zu gelangen. Wir können uns nicht mehr an erstarrte Denkgewohnheiten klammern. Eine neue Welt entsteht vor unseren Augen und fordert eine radikale Umgestaltung. Unser Universum wandelt sich, und da wir von der Zeit überholte Methoden anwenden, um die uns bedrängenden Probleme zu lösen, steuern wir geradewegs auf einen Abgrund zu. Allein ein Quantensprung, eine tiefgreifende Veränderung unserer mentalen Mechanismen, wird uns an ihm vorbeiführen können.

Ich meine, daß wir alle mit Vernunftebenen verbunden sind, folglich mit einer höheren Hierarchie, auf die alle Traditionen hinweisen. Deshalb sollten wir entschlossen auf unsere Inspirationen vertrauen.

Um das Bewußtsein zu erweitern und das, was von oben herab gesät wird, zu empfangen, muß man sein Wahrnehmungsvermögen verfeinern. Unsere Vorfahren wählten für ihre Heiligtümer bestimmte Stätten, und diese haben zweifellos ein eigentümliches, energiegeladenes Potential. Meine Absicht ist es, seine Kraft zu erleben.«

Ich zögerte einen Augenblick, ehe ich fortfuhr.

»Neulich, in einer außergewöhnlichen Nacht, hatte ich in einer alten Kapelle hier in der Nähe den Eindruck, ja die feste Gewißheit, an meiner Seite einen Menschen zu spüren, der mich in wesentliche Geheimnisse des Lebens eingeweiht hat. Er heißt Garcia. Ich möchte ihn nochmals wiedertreffen können.«

EONA hatte sich nicht gerührt. Ich fühlte, daß sie für meinen Plan gewonnen war. Sie hatte kein Wort von sich gegeben, und ihr Gesicht zeigte keine Regung, mit einer Handbewegung aber gab sie ein Zeichen, und ohne Zögern folgte ich ihr.

Ich hatte mich mit einer Fackel ausgerüstet, die nun Eona übernahm. Ein korridorartiger Gang tat sich vor uns auf, den eine Person mittlerer Statur ungehindert durchqueren konnte. An drei Stellen hob die junge Frau die Fackel in die Höhe, um einen in waagrechter Lage und als Sturz dienenden Stein zu beleuchten und mir anzudeuten, daß ich mich dort beim Vorübergehen bücken sollte.

»Drei Schwellen hatte der Adept von einst zu überschreiten«, ging es mir durch den Kopf, »vielleicht erst nach gewissen Prüfungen.«

Schnell und ohne Zwischenfälle gelangten wir in einen ovalen Saal, der durch einen Schutzwall aus Steinen von der Außenwelt abgeschnitten war. Die Stille wirkte beklemmend. Ohne Mörtel aufgeschichtete Felsblöcke aus gelblichem Kalkstein stiegen auskragend an, so daß sie im Licht einer Kerzenflamme – Eona hatte sich aus einer Mauernische Kerzen besorgt – ein unsichtbares Gewölbe bildeten.

Wir setzten uns, mit dem Rücken an die glatten Steinblöcke gelehnt, und schwiegen. Ich bewunderte die gelassene Ruhe meiner Begleiterin, die sich offensichtlich wohl fühlte, trotz der eindrucksvollen Atmosphäre dieser Stätte. Ich selbst fühlte mich viel weniger sicher, zumal ich mir einbildete, von unwägbaren pulsierenden Strömen durchflutet zu sein, die einer schwachen elektrischen Spannung ähnelten. Die Sekunden und Minuten wollten nicht verrinnen.

Einem Impuls folgend stand Eona plötzlich auf und entfernte sich. Schon bald kam sie mit einem drachenförmigen Räuchergefäß zurück, das sie auf die Erde stellte. Rauchspiralen strömten aus den Nüstern des Ungeheuers und lösten sich, aufsteigend und ätherische, sich ständig wandelnde Gestaltungen annehmend, allmählich in der Luft auf. Ein zarter Weihrauchduft breitete sich aus. Der flackernde Kerzenschein ließ die bronzene Oberfläche des Drachens in geheimnisvollem Licht erglänzen. War es der Duft des Weihrauchs, die Fremdartigkeit des Ortes, meine Einbildung, oder bewirkten alle drei Momente zusammen, daß ich mich von einer als unhörbare Musik empfundenen, nicht greifbaren Schwingung wie verzaubert fühlte?

Eonas Stimme riß mich aus meiner der Euphorie nahen, fast meditativen Verfassung.

»Welche Offenbarung erwarten Sie eigentlich von den Geistern, die in diesen Gewölben umgehen sollen?«

Die leise gesprochenen Worte beeindruckten mich. Ich hatte das Empfinden, ins Innere der Erde eingeschlossen zu sein, und Mühe, das in mir aufsteigende Gefühl von Platzangst, dessen Wirkung ich fürchtete, zu überwinden. Ich zuckte mit den Schultern, obwohl ich wußte, daß Eona meine Bewegungen nur ahnen konnte. Ich wollte das Gefühl der Atembeklemmung, ausgelöst durch die absolute Geräuschlosigkeit, zerstreuen und antwortete deshalb mit lauter Stimme:

»Das Okkulte entzieht sich unserer rationalen Logik. Ich bin davon überzeugt, daß ein unschätzbarer Reichtum an vergessenem Wissen ans Licht käme, wenn wir in die Geheimnisse des Universums eindrängen. Unter der Bedingung, daß sie für die sehr subtilen Schwingungen durchlässig werden, sind unsere Neuronen sicherlich in der Lage, Impulse aus diesem unerforschten Anderswo aufzufangen. Diese Stätte, die mit dazu beiträgt, uns aus unserer Alltagsstimmung herauszuholen, fordert unsere neurophysiologischen Reaktionen heraus. Sie geben uns einen Schlüssel an die Hand, der die sieben Schlösser des zu den Mysterien der Natur führenden Portals öffnet, eines Portals, dessen Hüter Apollon sein soll.« Atemlos hielt ich inne. »Ich möchte mir auch darüber Klarheit verschaffen«, fügte ich leiser hinzu, »ob es möglich ist, mit einer unsichtbaren Hierarchie, von der wir gar nichts wissen, zu kommunizieren.«

Die Stille um uns schien sich zu verdichten. Ich empfand sie fast wie Materie. Eona kam näher, und ich war froh, sie an meiner Seite zu wissen, denn plötzlich begann sich der Raum um mich sanft auf und ab zu bewegen, sich zu dehnen und zu weiten. Ich fühlte mich auf ein Schiff versetzt, das von einer Woge hochgeschleudert wurde. Ein Gewitterhimmel tauchte das Meer in ein tiefes Rot. Nicht das Meer – einen weitflächigen Platz vor einem Tempel. Auf diesem Vorplatz zelebrierten Priester und Priesterinnen in weißen Gewändern.

Deutlich erkannte ich Eona wieder, oder vielmehr eine Frau, die ihr ungewöhnlich ähnlich war. Ich suchte Garcia mit meinen Augen, aber ich konnte ihn nicht entdecken. Vielleicht saß ich zu erhöht auf dem Balkon eines Turms mit einem kegelförmigen, spitz zulaufenden Dach. Ich rief nach Eona, aber sie hörte mich nicht. An meiner Seite materialisierte sich ein Mann. Auch er trug ein weißes Gewand. Er sah mich wohlwollend an und reichte mir ein Schwert, das an einem breiten Ledergürtel befestigt war. Kostbare Edelsteine funkelten an der Scheide.

»Gürte dich«, sagte er mit einem Lächeln. »Erweise dich dieser Gabe würdig, die dich verpflichtet, unter allen Himmeln das, was die Götter dir eingeben, zu fördern.«

Ich streckte die Hand aus, um den Schwertknauf zu ergreifen, als der Balkon einstürzte. Der Sturz dauerte lange. Ein heftiger Schlag versetzte mir einen Schock. War ich tot? Ich schrie auf, ohne mir dessen bewußt zu sein.

Eona drückte meine Hand. Ich öffnete die Augen und dankte ihr für ihren Beistand. Sie saß im Halbdunkel, und ihre Umrisse waren nur verschwommen erkennbar.

»Sie haben einen Schrei ausgestoßen«, sagte sie mir.

»Und Sie haben mich gerettet«, antwortete ich, »denn ich nahm an, meine letzte Stunde hätte geschlagen. Eine Empfindung, die ich nicht vergessen werde.«

»Der Tag bricht an«, stellte meine Begleiterin fest, ohne irgendwelche Fragen zu stellen. »Ich hatte keine Vision, aber ich habe geträumt, daß ich in einem Tempel zelebrieren würde, und ich gestehe, ja ich gestehe ohne Zögern, daß ich das, was ich träumte, auch wirklich erlebte.«

»Ein Tempel! Aber dann ...«

Ich sprach nicht weiter, denn ich war mir bewußt, daß meine Worte eine erstaunlich klare, wenngleich von einem Traum sehr verschiedene Vision verfälschen würden. Eine Vision, deren Bedeutung sich mir entzog.

Als wir ins Freie traten, erschien uns die grünende, nebelumwobene Landschaft von einer ganz besonderen Schönheit. Sie sprach zu uns, und wir verstanden ihre Sprache dank einer in uns neu erwachten Feinfühligkeit.

»Wir wollen gemeinsam zu Abend essen«, schlug Eona vor. »Ich möchte Sie mit einem Mann bekannt machen, der, vielleicht Garcia vergleichbar, ein außergewöhnlicher Mann ist. Ihre Erzählung von gestern abend ließ mich auf diesen Gedanken kommen.«

»Gern«, stimmte ich ihr zu. »Das Abenteuer, das wir in dieser Nacht gemeinsam durchlebt haben, veranlaßt uns, ein Stück des Weges gemeinsam zu gehen.«

# 4
# Die inneren Kräfte des Menschen im eurhythmischen Ganzen

Am Abend traf ich EONA in einem dem Heiligtum nahe gelegenen Landgasthof wieder.

»Ich möchte Ihnen unbedingt etwas von einem meiner Freunde erzählen«, sagte sie mir im Verlauf der Mahlzeit. »Er ist eine ganz erstaunliche Persönlichkeit. Ich nenne ihn den *Mystiker*. Es handelt sich um einen Weisen, und man behauptet, er könne Wunderheilungen vollbringen. Nicht nur, daß er sich dessen nicht brüstet, er verneint es auch, denn er ist die Redlichkeit in Person. Wie dem auch sei, und selbst wenn er offenbar unheilbare Krankheiten heilt, so ist er doch vor allem ein Philosoph, ein Suchender, der, wenn er nicht gar den Stein der Weisen gefunden, so doch zumindest einige ursächliche Wahrheiten entdeckt hat. Er erwartet uns bei sich zu Hause – vorausgesetzt Sie sind gewillt, mich zu ihm zu begleiten.«

»Wir sollten ihn gleich aufsuchen«, antwortete ich voller Unternehmungslust.

Der »Mystiker« empfing uns mit offenen Armen. Mit seiner untersetzten Statur, den lachenden Augen und dem von einem gepflegten Bart gezierten, freudestrahlenden Gesicht hatte er nichts Geheimnisvolles an sich. Dennoch erinnerte er mich auf den ersten Blick an GARCIA, ohne ihm auch nur im geringsten zu ähneln, und zwar weniger durch seine Redeweise als durch seine Denkungsart. Wir waren einander sofort sympathisch. Sein blumengeschmücktes Haus wirkte überaus gastlich. Er lud uns ein, in den bequemen rustikalen Sesseln Platz zu nehmen, und reichte uns Getränke. Dann holte er einige Blatt Papier und legte sie auf einen kleinen runden Tisch neben sich.

»Eona hat mir von Ihrer Suche erzählt«, sagte er und sah mich mit seinen ausdrucksvollen Augen an. »Wie Sie, so bemühe auch ich mich, auf eine *Metanoia*, eine Umwandlung des Menschen in seiner physischen, psychischen und spiritualen Ganzheit, hinzuwirken, und ich bin gern zu einem Gedankenaustausch bereit.« Er strich sich über den Bart. »Ich fürchte vorgefaßte Meinungen. Wir sind in Konzepten gefangen und neigen zu der Annahme, daß jede neue, schöpferische Sehweise voluntaristische Behauptungen beinhalte. Dieser Begriff überdeckt dann alles, was mit den eigenen Vorstellungen, den rein mentalen Ansichten, nicht übereinstimmt...«

Ich nickte. »Ich bin mir dessen sehr bewußt, obgleich die junge Generation die sogenannten Tabus ablehnt.«

»Sie lehnt sie ab und stellt neue auf«, entgegnete der Mystiker. »Lesen Sie in einem ruhigen Augenblick diese wenigen Überlegungen, die ich vor kurzem zu Papier brachte. Sagen Sie mir später einmal, was Sie davon halten.« Er reichte mir die beschriebenen Blätter. »Ich meine, daß das Glück das höchste Gut des Lebens ist und unzweifelhaft Gesundheit voraussetzt. Es ist das spezifische Merkmal derer, die sich in ihrem Wollen, ihrem Verständnis und ihrer Vernunft ganz nach einer erhabenen Ordnung, der des *Lebens*, richten. Damit verwirklichen sie eine *Kunst des Lebens*. Diese leitet sich von einer Lehre ab, für die ich mich gern zum Sprecher mache.

Die Tradition bahnt einen lichten Weg. Lassen Sie mich das näher erklären: Die Gesundheit formt die erhabene Ordnung und transzendentale Harmonie auf der körperlichen, seelischen und geistigen Ebene um. Dieses Gleichgewicht zieht eine wesentliche Bewußtwerdung nach sich, folglich eine ganzheitliche Sicht der Beziehungen, die jeden Gegenstand, jedes Lebewesen mit allen anderen eint. Aus diesem Blickwinkel tritt eine tätige innere Bereitschaft des Herzens und des Geistes an die Stelle der Egozentrik. Man nimmt die Prüfungen des Lebens an – selbst dann, wenn sie Schmerz mit sich bringen –, die sich dann in Erfahrungen verwandeln.

Die von der Tradition übermittelte Lehre enthüllt einen Weisheitsweg. Er führt zu einer heilsamen Ausgeglichenheit, die zur Wiederherstellung der Gesundheit, aber auch zu deren Aufrechterhaltung unerläßlich ist.«

Er hielt einen Augenblick inne, um unsere Gläser zu füllen, und fuhr fort: »Wir finden sie in den eleusinischen Mysterien, in den Schriften der griechischen Philosophen, bei den ägyptischen Eingeweihten, ja auch in den Geboten und Lehren Buddhas, Zoroasters und der Bibel.

Es gibt nur *eine* Wahrheit. Sie ist das Lichtband, das vom Wissen zur Erkenntnis führt. Therapeuten, und mehr noch Thaumaturgen, offenbaren ihre Fähigkeiten, vor allem, wenn sie die Botschaft der ewigen Weisheit verstehen und befolgen. Die Bereitschaft des Herzens, die reine Absicht und die Selbstlosigkeit machen es möglich, die Lebensenergien zu leiten und zu bündeln.«

Der Mystiker hielt abermals inne und schaute uns abwechselnd an, gespannt auf unser Einverständnis wartend. Da er uns aufmerksam und schweigend sah, nahm er den gedanklichen Faden wieder auf.

»Dadurch daß die wahre Tradition die Quintessenz der Erfahrung von in Raum und Zeit aufeinanderfolgenden Generationen vermittelt, ist sie imstande, die Kräfte der Heiler zu verstärken. Sie fordert sie auf, die Hindernisse erkennend zu unterscheiden, die ihre Mittel beeinträchtigen könnten.

Gesundheit ist freilich alles andere als die Abwesenheit eines krankhaften Zustandes. Sie drückt ein synergetisches Gleichgewicht der Organe untereinander und des Organismus mit der Umwelt aus. Es handelt sich also um einen Komplex von harmonischen Beziehungen, die sich aus einer ausgewogenen Wechselwirkung von Energien auf verschiedenen Ebenen ergeben.«

»Und Betrachtungen solcher Art haben Sie hier auf diesen Blättern dargelegt?« fragte ich.

»Gewiß«, bekräftigte er, »denn niemand wird allzu

lang außer acht gelassene und offenkundige Tatsachen leugnen können. Jeder Mench besitzt eine auf den universellen Rhythmus abgestimmte biologische Uhr. Eine rhythmische Periodizität unserer physiologischen Strukturen richtet sich nach der unserer Psyche, die ihrerseits im Einklang mit dem Rhythmus des Lebens schwingt. Der Lebensrhythmus wiederum kommt in den Schlägen unseres Herzens zum Ausdruck.

Das Gesetz des Rhythmus ist universell. Die Musik, so könnte man sagen, macht ihn auf der physischen Ebene hörbar, aber alles Seiende spiegelt ihn wider. Wissen Sie, und das ist wirklich verblüffend, daß die harmonischen Verhältnisse auf allen Ebenen ihres Ausdrucks analog denen entsprechen, die sich in der Akustik offenbaren? Diese These wird im Herzen des Atoms bewiesen und durch die Beziehungen, die unter den Ellipsen der Planetenbahnen bestehen.

Die Idee eines eurhythmischen Ganzen, welches die antiken Schriftsteller *Kosmos* nannten, wird durch die Physik der Gegenwart bestätigt. Eine beständige und seinem Wesen nach variable Beziehung stellt sich zwischen unseren instinktiven, mentalen und supramentalen Rhythmen ein. Sie ist es, die das Denken hervorbringt. Das rechte Denken bewirkt das synergetische Gleichgewicht des Organismus und folglich den geordneten Einklang der Organe untereinander, also die Gesundheit.«

Eona, die gedankenversunken, aber im höchsten Grade interessiert zugehört hatte, schaltete sich ein: »Es ist doch kein Zufall, daß PYTHAGORAS den Gesang der Sphären beschreibt, eine Metapher, welche die rhythmische Wechselwirkung der sich im Universum offenbarenden Energien veranschaulicht.«

»Gewiß nicht!« rief der Mystiker aus. »Weder der Therapeut noch der Thaumaturge ist ein Wundertäter. Ihr geistiges Geöffnetsein veranlagt sie zur Diagnose der Krankheit, bei Thaumaturgen durch eine im Innern sich vollziehende Vision, beim Therapeuten gestützt auf wissenschaftliche Erkenntnisse. In beiden Fällen steht das Vertrauen als Fundament am Beginn der Heilung, also ein Strom der Sympathie, die eine harmonische und damit rhythmisch wirkende Schwingung ist.«

»Glauben Sie«, fragte ich, »daß das allein oder in der Gemeinschaft praktizierte Gebet, wenn nicht eine Heilung, so doch zumindest eine deutliche Besserung des Patienten herbeiführen kann?«

Ein breites Lächeln belebte sein Gesicht. »Wir sollten zwei Aspekte des Gebets unterscheiden. Man betet, weil man sich beruhigen oder beschützt fühlen will. Lassen wir diesen Aspekt einmal beiseite. Der andere Aspekt des Gebets macht es zu einem metaphysischen Akt. Man betet, ohne etwas zu verlangen, man nimmt das Unannehmbare an, sogar das Leiden und den Tod. Man überläßt sich einem Größeren, als man selbst ist. Dann gewinnt das Gebet eine erhabene Würde, den Adel der Seele. Vom Herzen ausstrahlend befreit es Energien aus dem tiefsten Inneren und verwandelt sich im Ausdruck göttlicher Liebe, deren wohltuende Macht tröstet, stärkt und heilt. ›So eint sich der Mensch mit dem Höchsten in ihm‹, sagt PLO-

TIN, ›eins geworden mit *ihm*, durch nichts getrennt von *ihm*‹. Auf dieser Stufe ist alles möglich und entzieht sich jeder Beschreibung.«

»Neulich«, fuhr er fort, »wandte sich eine junge Frau hilfesuchend an mich:› Meine Schwiegermutter hat Krebs. Wie kann ich ihr zu verstehen geben, das Unannehmbare anzunehmen, in Anbetracht der Tatsache, daß sie nichts von ihrem Zustand weiß? Soll ich sie in Kenntnis setzen? Soll ich für sie beten? Und wenn ja, wie?‹

›Sie stellen mir da eine heikle Frage‹, erwiderte ich, ›aber sie ist von fundamentaler Bedeutung. Erinnern Sie sich daran, daß man, wenn man betet, den Mut haben muß, nichts einzufordern? Das *Dein Wille geschehe* macht die wahre, also bedingungslose Annahme bildhaft deutlich. Wenn Ihre Schwiegermutter ihr Herz zu öffnen imstande ist, indem sie jede Meinung fahren läßt, um sich von *dem* Glauben tragen zu lassen, ja dann setzen Sie sie über ihren Gesundheitszustand in Kenntnis. Aber Vorsicht, Ihre Verantwortung ist groß! Handeln Sie in aller Liebe, und versuchen Sie Worte zu finden, die Verständnis zu wecken vermögen. Nehmen Sie eine Haltung ein, die sich nicht aus einer logischen Reflexion herleitet, sondern aus einem tiefen gegenseitigen Vertrauen, welches das Verständnis erleichtert. Richtig zu denken ist das ganze Problem!«

»Der Gedanke kann das synergetische Gleichgewicht des Organismus verändern und wiederherstellen, somit auf nicht unerhebliche Weise wirken«, bemerkte ich überzeugt. »Die inneren Kräfte des Organismus gilt es zu stimulieren, um die Gesundheit wiederzugewinnen. Von daher begründet sich die Bedeutung der Autosuggestion, die diese Stimulierung fördert.«

Der Mystiker stimmte dem zu, indem er mehrmals mit dem Kopf nickte. »Eine nichtmedikamentöse Substanz kann durch einen eingebildeten Anreiz, den die Vorstellung des Kranken im Hinblick auf die Wirkkraft des Medikaments auslöst, eine Genesung einleiten. Einige arabische Scheiche heilen aus der Ferne, indem sie den Kranken Verse aus dem Koran schicken. Diese Verse sollen die Kranken zerkauen und herunterschlucken. Autosuggestion oder Aberglaube – so ist man versucht zu behaupten. Gewiß, aber es ist nicht ausgeschlossen, daß der Vers des heiligen Buches den, der ihn erhält, in seinem Glauben über sich selbst erhebt, und eben dieses Im-Glauben-über-sich-Hinauswachsen setzt Kräfte aus den tiefsten Seinsschichten des Menschen frei. Sie schwingen im Einklang mit dem Lebensrhythmus, anders gesagt mit dem Rhythmus transzendentaler Kräfte, den der *Koran*vers symbolisch repräsentiert.«

Der Mystiker entschuldigte sich etwas verlegen: »Ich rede und rede. Ich hoffe, Sie nehmen's mir nicht übel, aber dieses Thema fesselt mich. Gehe ich Ihnen auf die Nerven?«

Wie aus einem Munde protestierten wir: »Nicht im geringsten! Ganz im Gegenteil! – Eine Frage würden wir Ihnen gern noch stellen. Was halten Sie von der Meditation?«

Der Mystiker überlegte einen Augenblick, bevor er

antwortete: »Fragen wir uns zunächst, warum man seit urdenklichen Zeiten meditiert. Die Übung des Schweigens mündet ein in eine innere Erfahrung, die starke transformierende Kräfte freisetzt. Das Erwachen außersinnlicher Fähigkeiten führt zur Vision einer bis dahin verschleierten zeitlosen Wirklichkeit. Man ist zwar an einem Ort, aber doch nicht an ihn gebunden. Man spürt eine wohltuende Leere, die als Fülle empfunden wird. Man führt seine Seele in eine wundervolle Welt und überläßt sich der Harmonie eines Seinszustands. Die mentale Unruhe legt sich.

So wie das Gebet ist die Meditation ein metaphysischer Akt. Die bloße Tatsache des Schweigenwahrens ist jedoch keineswegs gleichbedeutend mit Meditation. Man meditiert, wenn man sich einer dem intellektuellen Zugriff entziehenden, schöpferisch verwandelnden Werdekraft anheimgibt, die einen über sich hinaushebt. Jenseits des Sichtbaren, durch eine von einem tiefen mentalen Schweigen ausgelöste Bewußtseinsänderung, frei von Einbildungen und falschen Hoffnungen, nimmt man das Licht der Transzendenz wahr.

Die Erfahrung ist überwältigend und unbeschreibbar. Von da ab möchte man sie wiederholen. Tag für Tag versucht man es. Umsonst! Das sich einstellende sehnsüchtige Verlangen und die psychische Anspannung stellen sich einer gelösten Hingabe in den Weg, zu der man nur *ohne Spannung* gelangt.«

Von der Tiefe seiner Überzeugung bewegt, beeilte ich mich, des Mystikers Hand zu drücken. Eona, applaudierte. Seine Aufrichtigkeit ließ Herzensqualitäten erkennen, die wir nur bewundern konnten. Er dankte uns mit einem Lächeln, das sein Gesicht erhellte. Beim Abschied beschlossen wir, einander noch einmal zu treffen.

»Schreiben Sie mir«, bot ich an, »und geben Sie ein Datum an, wann es Ihnen recht ist. Ich bin oft in unserem Haus am Genfer See, und Francine, meine Frau, wird sich wie ich sehr glücklich schätzen, Sie in dieser schönen Gegend willkommen heißen zu können.«

Der Mystiker versprach es.

»Kehren wir zu Fuß heim«, schlug ich Eona vor. »Die Nacht ist klar, ich weiß, daß Sie unweit von meinem Hotel wohnen.« Glücklich über den gelungenen Abend nahm die junge Frau meinen Arm und fragte mich, was ich von dem »Mystiker« dächte.

»Er ist sehr verschieden von Garcia und ähnelt ihm doch in mancherlei Hinsicht. Seine Redlichkeit und seine Bereitwilligkeit, das, was er als wesentlich erachtet, zu übermitteln, aber auch seine Ausstrahlung erinnern mich an meinen *Alchimisten.*«

Sie sah mich fragend an.

»Wissen Sie, die Alchimie ist die *Wissenschaft der Umwandlungen*, die das Licht induziert. Das Licht des Geistes. Der Schöpfer dieser Definition ist Garcia. Ich zweifle nicht daran, daß der Mystiker diese fundamentale, alles verändernde *Metanoia* erfahren hat.«

# 5
# Richtiges Handeln setzt richtiges Denken voraus

FRANCINE, meine Frau, empfing mich am Genfer Flughafen. »Das nächste Mal begleite ich dich«, versicherte sie mir. »Ich möchte die grüne Insel gerne kennenlernen.«

»Ich bin froh, dort gewesen zu sein. Ich werde bei Spaziergängen im Park oder in Meditationen versuchen, die Botschaften und Lehren zu entschlüsseln, die sich aus den in mir gesammelten Eindrücken gewinnen lassen. Aber bevor es soweit ist, und um die Rückfahrt ein wenig zu verkürzen, sollst du wissen, daß drei hervorstechende Erlebnisse und Fragen mich beschäftigen. Erstens: Kann Garcia sich mir mitteilen? Die Tatsache, daß ich ihn mitten in der Nacht in einer Kapelle an meiner Seite fühlte, war dies nun eine Sinnestäuschung oder eine außersinnliche Wahrnehmung?

Zweitens: Was bedeutet der Einsturz des Balkons, auf dem ich mich befand, als ich eine gleichsam mystische Erfahrung in einem der Kapelle nahegelegenen Heiligtum durchlebte?

Drittens: War die Begegnung mit Eona und schließlich mit dem Mystiker zufällig, oder schreibt sie sich in die Reihe der *wesentliche Begegnungen* ein? Ich werde dir die unerwarteten Ereignisse, die mich zu diesen Fragen veranlassen, gleich schildern.«

Francine hütete sich davor, mich zu unterbrechen, weil sie weiß, daß ich stets während meines Sprechens Ordnung in meine Gedanken brachte.

»Einige Verleger«, fuhr ich fort, »werfen mir vor, daß ich meinen Lesern keine praktischen Ratschläge gebe, die ihnen helfen könnten, auf rechte Weise zu handeln. Richtig handeln, seine Probleme lösen, die die Probleme eines jeden sind, kann man erst durch richtiges Denken.

Wie aber kann man folgerichtig denken, wenn man die Beziehungen nicht entdeckt, die uns mit unserem Universum verbinden? Ob sichtbare oder unsichtbare Verbindungen, alles ist mit allem verknüpft! Erst wenn dies verstanden wird, geht man in umfassenderen Zusammenhängen an die Probleme heran, und die Lösungen bleiben nicht aus, denn sie treten dann auf unerklärliche Weise in Erscheinung. Ein klares Urteilsvermögen verhilft den Wahrnehmungsfähigkeiten zur Entfaltung, aber diese Entfaltung tritt erst nach und nach zutage. Es handelt sich also nicht um Ratschläge, sondern um ein Verständnis, das zu einer außerordentlich positiven Wandlung führt, und dies keineswegs nur theoretisch.«

»Das Wort erinnert mich an unsere Freunde«, entgegnete Francine. »Du weißt ja, daß Euryale gern dominiert, zumal sie ihre ja nicht unbeträchtlichen Qualitäten ins rechte Licht zu rücken versteht.«

»Ich weiß«, pflichtete ich bei. »Aber ich bin sicher, daß die von ihr aufgebotenen Kräfte mich nicht beeinflussen werden. Habe ich sie nicht *Euryale* genannt, um ihr zu verstehen zu geben, daß ich ihr Spiel durchschaute? Und habe ich nicht, indem ich ihren Mann *Fidèle* taufte, versucht, ihr zu Bewußtsein zu bringen, daß Fidelität, also Treue und Selbstaufgabe, zwei ganz verschiedene Dinge sind?«

»Das weiß ich nur zu gut«, erwiderte Francine. »Die beiden sind übrigens gestern angekommen und erwarten dich bei uns.«

## 6
# Vorsicht vor falschen Göttern!

Ein kleiner runder Tisch, mit einem weißen, gestickten Tuch bedeckt, stand an einer der Wände. Die gerahmte Reproduktion eines venezianischen Ölgemäldes, das Christus mit gekröntem Haupt darstellte, hing über ihm. Kerzen und eine Onyxvase auf dem Tisch verliehen dem Raum eine gewisse Feierlichkeit. Der Tisch, zwei Stühle, Kissen und Hocker stellten das einzige Mobilar dieses Ortes dar, der der Meditation vorbehalten war. An den übrigen Wänden hingen von mir mit großem Fleiß hergestellte Gemälde symbolischen Inhalts.

EURYALE, FIDÈLE und ich hatten das Zimmer soeben verlassen. Eine Meditation hatte uns zusammengeführt. Wir kehrten zu FRANCINE zurück. Sie erwartete uns in einem Liegestuhl auf der Terrasse, die zum Park führt. Dieser Park fällt allmählich zum Genfer See mit seinem stillen und glitzernden Wasser ab.

Euryale war schön, intelligent und sehr kultiviert und erregte überall Bewunderung. Sie war sich dessen bewußt und zog daraus insofern Nutzen, als sie – eine in diesem Fall aber ungekünstelte – Autorität beanspruchte. Sie war slawischer Abstammung und hatte die geheimen Überlieferungen der Schamanen studiert, jener sibirischen und zentralasiatischen Wahrsager und Priester, die über umfangreiche Kenntnisse und geheimnisvolle Kräfte verfügten. Euryale behauptete, mit animistischen Wesenheiten in Verbindung treten zu können, die, wie sie sagte, Wiesen und Wälder bevölkern. Da ich diesen rätselhaften Wesenheiten noch nie begegnet bin, kann ich die Richtigkeit dieser Behauptung nicht bezeugen. Euryale jedenfalls schien ausgezeichnete Beziehungen zu diesen Elementarkräften zu unterhalten.

Wie dem auch sei, eine Tatsache ließ sich nicht leugnen: Männer und Frauen, die Euryale kennenlernten, erlagen einer echten Faszination. Im Hinduismus bewandert, Adeptin einer *Askese,* von der sie allerdings wenig sprach, und einst anerkannte Dichterin, war sie sicherlich die ungewöhnlichste Person, die ich je kennengelernt habe.

Ihr Mann Fidèle hatte sich ihr mit Leib und Seele verschrieben. »Sie ist eine Göttin«, pflegte er zu sagen. »Nur Blinde und Ignoranten können das bestreiten.« Fidèle war nicht irgendwer. Als beherzter Stratege ging er aus dem Krieg als General hervor, und zwar durch eine Leistung, die zu den großen Taten der letzten Offensive gezählt werden darf. Mehrfach zu hohen Stellungen berufen, befolgte er, von Euryale in den Bann geschlagen, alle ihre Ratschläge.

»Du wirst die Spitze der Pyramide erklimmen, und zwar nicht nur der militärischen, auch der staatlichen«, verkündete sie ihm. »Aber du mußt dich dessen würdig erweisen, und nur der ist meiner Einweihung würdig, der sich *übersteigen* kann.«

Was sie von ihm forderte, war sein totaler Einsatz. »An wen auch immer du dich gebunden fühlst, du mußt dich von den Fesseln sentimentaler Anhänglichkeiten befreien«, erklärte sie. »Nur dem gehorchen die Kräfte der Natur, der es vermag, sich von Gefühlsduselei und Begierden zu lösen. Bist du bereit?« hatte sie ihn vor mir gefragt.

»Ich bin bereit«, versicherte Fidèle, und ich sah, wie sich an seinen Wimpern eine Träne bildete.

Er brach jeden Kontakt mit seiner ersten Frau ab, was normal erscheinen mag. Weniger normal war, daß er jegliches Interesse an dem Schicksal seiner Kinder verlor und es ablehnte, seine alten Freunde und Kriegsgefährten zu treffen, um statt dessen nur mit der von Euryale gutgeheißenen »Intelligenzija« zu verkehren. Wurden nur die gutgeheißen, die sich tief genug vor dem glanzvollen Feuerwerk ihres bemerkenswert entwickelten Intellekts verbeugten?

Es ist unnötig zu erwähnen, daß Euryale, geleitet von einem authentischen Wissen, ihre Fähigkeiten mißbrauchte. Dies war um so bedauerlicher, als sie sich dessen bewußt sein mußte. Sie glaubte auch mich beeinflussen zu können und schlug mir vor, Fidèles Beispiel zu folgen. Wenn ich ihr Vertrauen schenkte, so versicherte sie mir, würde sie mir die Macht verleihen, nicht nur alle Schwierigkeiten des Daseins spielend zu bewältigen, sondern auch alle Hindernisse zu beseitigen, die sich mir auf dem Weg zu Ruhm und Ehre entgegenstellen könnten.

Euryales Vorstellungen von der affektiven Loslösung trafen insofern das Richtige, als diese es ermöglicht, umsichtig und frei von Sentimentalitäten vorzugehen. Man meistert die Umstände des Daseins, weil man, unter Anspannung seiner gesammelten geistigen Kräfte, über alle seine Mittel verfügen kann. Francine und ich durchschauten jedoch ihre Absicht, weil wir verstanden, daß ihre stichhaltige Behauptung darauf abzielte, die tiefen Ehebande zwischen uns zu trennen, um größeren Einfluß auf mich ausüben zu können.

»Wenn Sie mich lieben, wie Sie mich lieben sollen«, erklärte sie, »werden Sie an der Macht teilhaben, über die ich verfüge. Nichts und niemand wird Ihnen widerstehen können, wenn Sie mir mit allen Fasern Ihres Herzens Vertrauen schenken. Ich verspreche Ihnen, ich werde es nicht mißbrauchen.«

»Und was wird aus Francine?« erkundigte ich mich eines Tages, durch ihre stark ausgeprägte Persönlichkeit ins Wanken gebracht, aber keineswegs überzeugt.

»Sie liebt Sie tief und wird sicherlich verstehen, daß sie ihre Liebe nicht besser unter Beweis stellen kann, als wenn sie Ihnen eine wichtige Wahl erleichtert. Eine freundschaftliche Beziehung wird die Liebesbande ersetzen. Auf dieser Stufe beginnt Ihre Prüfung.«

Ich gab meiner Frau die Worte wieder, und allein die Tatsache, daß sie sich gegen solche Äußerungen nicht auflehnte, fegte jede Versuchung hinweg, obwohl diese bestanden hatte.

Behauptungen dieser Art scheinen eine Erklärung für den beherrschenden Einfluß zu geben, den einige Sekten auf ihre Anhänger ausüben, die allzuoft von einer Scheinwahrheit angezogen werden und dem Versprechen eines geistigen Fortschritts erliegen.

Fidèle, der meine abschlägige Antwort vorhersah, beschwor mich während eines Spaziergangs am Ufer des Genfer Sees eindringlich:

»Frédéric, wir waren Brüder in einem anderen Dasein. Ich weiß, daß ich es nicht beweisen kann, aber es ist so. Euryale hat es mir bestätigt. Ich flehe dich an, Frédéric, höre auf die Göttin. Ihre Handreichung ist mit deinem Schicksal eng verknüpft, das nicht *alltäglich* sein wird.«

»Und wenn sie nicht das ist, wofür du sie hältst?« unterbrach ich ihn.

»Unseliger!« rief er aus. »Der wunderbarste aller *Gurus* reicht dir die Hand, und du schlägst sie aus. Das ist absurd!«

Ein Achselzucken war die ganze Antwort, und von diesem Augenblick an veränderten sich unsere Beziehungen und brachen wenig später völlig ab.

Um das Ende der Geschichte vorwegzunehmen, möchte ich noch erwähnen, daß Fidèle sich einige Jahre nach diesem Zwischenfall das Leben nahm. Ich vermute – aber das bleibt natürlich eine Vermutung –, daß er sich seiner Verblendung schließlich bewußt wurde.

Was Euryale anbelangt, so verschwand sie aus unserem Blickfeld. Um ihr Gerechtigkeit widerfahren zu lassen, soll nicht unerwähnt bleiben, daß ich viel von ihr lernte. Dankbar erinnere ich mich an den fruchtbaren Gedankenaustausch in den zahlreichen Gesprächen.

Diese Gespräche gebe ich im weiteren so wortgetreu wie möglich wieder, weil sie Probleme verdeutlichen, die heute erkannt werden müssen. Denn viele Menschen auf der ganzen Welt begeben sich auf die Suche nach einem Meister – eine Suche, der sich immer weitere Personenkreise zuwenden. Irrt man sich, so kann diese Fehlentscheidung ernste und manchmal tragische Konsequenzen haben. Es kommt darauf an, das Wahre vom Falschen zu unterscheiden, und das ist um so schwieriger, als das Wahre das Falsche »wegzaubert«, ja schlimmer noch: es läßt es glaubwürdig erscheinen. Wachsamkeit ist daher angebracht und sollte, weil sie so wichtig ist, in jedem Augenblick geübt werden.

Eines Tages nahm ein deutscher Psychologe an unserer Zusammenkunft teil. JOHANNES lachte und scherzte gern, aber wenn er Themen anschnitt, denen er besondere Bedeutung beimaß, wurden seine tiefblauen Augen fast grün vor Konzentration. Seine Argumente waren stichhaltig und überzeugend, denn er näherte sich den psychologischen und psychischen Problemen auf der richtigen Ebene. Ruhig, von kräftiger Statur und angenehmer Stimme, äußerte er Ansichten, die wissenschaftlich und psychologisch abgesichert waren.

»Sind wir – obgleich frei in unserer Entscheidung – geleitet, wenn wir eine fundamentale Wahl zu treffen haben?« lautete seine Ausgangsfrage. Gleichzeitig erklärte er, daß jede Antwort, und sei sie nur als Hypothese zu formulieren, Beachtung verdiene. An mich gewandt, präzisierte er:

»Sie erzählten vorhin, daß Sie, als Sie in Irland die Symbolik des Grals darstellten, die Worte Jesu zitierten: ›Dieser Kelch ist der neue Bund in meinem Blut, das für euch vergossen wird‹. Ich bin sicher, daß ein Bund das Oben mit dem Unten verbindet, somit den Menschen mit dem Göttlichen, das ihn inspiriert. Zum Beweis komme ich auf Ihre jüngst gemachte Erfahrung zu sprechen. Garcia, der in einer einsam gelegenen Kapelle an Ihrer Seite sitzt, induzierte in Ihrem Gehirn den Wunsch, eine Nacht in einem archaischen Heiligtum zu verbringen. Eine auf *die* Wahrheit transparente Vision drängte sich Ihrem Geist auf, als sich Ihr Vorhaben verwirklichte. Nun gilt es sie zu deuten.«

»Das ist genau das Problem«, räumte ich ein. »Gesetzt den Fall, Garcia hätte, als er anscheinend neben mir saß, in meinem Denken – das auf die *Tonfrequenz* seiner Weisheit gestimmt war, in die er mich einweihte – einen Wunsch induziert. Ich will es nicht ausschließen. Wie aber könnte man meine Vision im Innern des Heiligtums interpretieren, ohne deutelnd in die Irre zu laufend. Eine weißgekleidete Person, ein Schwert in seiner Scheide, ein in sich zusammenstürzender Balkon, so viele Faktoren, zu denen man alles und nichts sagen kann.«

»Sicherlich«, gab Johannes zu, »Fehlauslegungen zu Wahrnehmungen einer ganz anderen Dimension sind nur zu üblich. Trotzdem sollten wir einmal sehen, ob es nicht möglich ist, eine Botschaft zu entschlüsseln, die Ihnen zweifellos zugedacht war.«

Wir hörten mit um so größerer Faszination zu, als Johannes erst nach längerem Überlegen wieder das Wort ergriff.

»Das Schwert ist ein Symbol des Geistes und vor allem seiner Macht. Die mit kostbaren Edelsteinen gezierte Scheide läßt es erst zu kraftvollem Wirken kommen, wenn man es aus der Scheide zieht. Eine Schlußfolgerung drängt sich auf. Wir sollen verstehen, daß Weisheit vor Gewalt geht und daß die Wachsamkeit eine Scheide ist, die die Erkenntnis ummantelt, um zu verhindern, daß sie zu Macht führt und so mißbraucht wird.« Er schwieg einen Moment.

»Als Sie den Schwertknauf ergriffen, liefen Sie vielleicht Gefahr, einer Versuchung zu unterliegen, die verhängnisvolle Konsequenzen nach sich gezogen hätte. Der einstürzende und Sie mitreißende Balkon bringt dies plastisch ins Bild. Den Fußangeln einer Macht verleihenden Erkenntnis auszuweichen, um Ihre Mission zu erfüllen – ohne aber nach befriedigernder Genugtuung zu trachten, welche die Ihnen erwachsende Autorität wachruft –, ja das ist eine Prüfung, die auf Sie zukommen wird. Sie sollten sich darüber im klaren sein, daß man nie lehren kann, was *verstanden* werden muß, bevor es gedacht wird, und daß man eine wirkliche Loslösung erleben muß, um jenen zu helfen, die aufgrund ihrer Verblendung vom rechten Weg abzukommen drohen.

Um das Problem weiter zu fassen: Man müßte eine

Zivilisation ins Leben rufen, die den Einklang zwischen den Errungenschaften der Wissenschaft und den Errungenschaften der Menschheit über ihre physische Natur ermöglichte. Diese Zivilisation hätte als Ordnungsprinzip den harmonischen Zusammenhang der mannigfachen Resultate, die von der Wissenschaft in zahlreichen Bereichen erzielt wurden, und der Offenbarung der hierzu unerläßlichen geistigen Kräfte. Eine solche Zivilisation könnte den Fortschrittsgeist mit den spirituellen Bedürfnissen der Menschen in Übereinstimmung bringen, um sie zu veranlassen, das nie endende Werden der Erscheinungen entschlossen zu überbrücken, und sei es nur, um die metaphysischen Tiefen einer sich wandelnden Welt zu erkunden.«

Euryale nickte zustimmend mit dem Kopf, und da sie etwas dazu sagen wollte, hob sie die Hand.

Fidèle verschlang sie bei der Gelegenheit mit seinen Augen. Sie wußte es und war stets darauf bedacht, in der farblichen Zusammenstellung ihrer Kleidung eindrucksvoll zu wirken. Das blasse Violett ihrer Bluse harmonierte sehr wohl mit ihrem gelben Rock. Der um ihren Kopf gewundene Zopf verlieh ihr einen zierenden Haarkranz.

»Jeder von uns hat entsprechend seiner Berufung eine Aufgabe auf dieser Erde zu erfüllen«, behauptete sie. »Diese Aufgabe bringt, wenn sie erkannt und angenommen wird, eine stillschweigende, spontane und oft unterbewußte Verantwortung mit sich. Diese Verantwortung gilt nicht nur denen, die auf die eine oder andere Weise an der Erfüllung jener Aufgaben mitwirken – sie kann auf ganz unterschiedlichem Niveau in Angriff genommen werden. Die Verantwortung gilt auch, wenn man den Begriff einer ›okkulenten‹ Hierarchie akzeptiert.

Ich schaltete mich ins Gespräch ein. »Um das bisher Gesagte vereinfachend auf einen Punkt zu bringen: Könnte man sagen, daß man durch einsichtiges und klares Handeln eine Kraft freisetzt, die noch durch die Überzeugung eigener Wahrhaftigkeit verstärkt wird?«

»Absolut richtig«, bestätigte Johannes. »Allerdings darf man den Versuchungen nicht nachgeben, und zwar nicht nur denen der Macht, sondern auch den viel subtileren nicht , die von der Einbildungskraft suggeriert werden. Eingestandene oder uneingestandene Wünsche fachen sie an. Erst unter dieser Voraussetzung ist eine Berufung echt. Ist sie echt, wird sie sich behaupten und jedes Zaudern hinwegfegen. Erinnern wir uns, daß unsere abendländische Tradition die Existenz einer verborgenen Hierarchie keineswegs leugnet, da sie zwischen Gott und uns die Erzengel und Cherubinen setzt.«

»Ich bin froh, daß Sie das sagen«, stimmte Euryale zu. »Das von Jesus benutzte Wort *Bund* soll dann wohl Verständnis für die Bindung wecken, die wir mit höheren Vernunftebenen oder Wesenheiten eingehen.«

Fidèle, der aufgestanden war, um ein wenig auf und ab zu gehen – eine ihm liebe Gewohnheit –, fragte uns: »Ist der Glaube, ich meine der wahre Glaube, nicht unerläßlich zur Erfüllung unserer Bestimmung?«

Euryale unterbrach ihn rasch. »Der Glaube kann

die größten Wunder wirken. Dieser Gedanke ist deshalb wichtig, weil auch die Wunder letztendlich den Naturgesetzen unterworfen sind. Daraus folgt, daß der Glaube, der Energien aus dem tiefsten Innern zu befreien vermag, zum machtvollen Hebel von Handlungen wird, die allen Regeln der Logik zum Trotz geschehen können. Man erfüllt das Unmögliche, oder besser, das Unmögliche erfüllt sich.«

»Ist es aber nicht logischer zu sagen, daß Wunder sich per definitionem den Naturgesetzen entziehen?« entgegnete Fidèle.

»Keineswegs«, wandte Johannes ein. »Im Zentrum unserer Überlegungen steht heute abend das Problem der freien Wahl. Es setzt das Freiheitsprinzip voraus, das der Vorstellung eines unabwendbaren Schicksals, dem man nicht entrinnen könne, diametral entgegengesetzt ist. Wenn unsere Reise auf Erden einen Sinn hat, dann müssen unsere Erfahrungen uns die Gesetze verraten können, die die Bewegung des Lebens in jedem Gegenstand und jedem Wesen bestimmen. Wie aber sollte man sie entdecken können, wenn ein Ereignis ohne erkennbare Ursache einträte? Unser Dasein hätte keinen Sinn, und unsere Bemühungen, einen Leitfaden zu finden, der unsere Suche erleichtern könnte, wäre vergebens. Insofern glaube ich behaupten zu dürfen, daß auch die Wunder den Naturgesetzen gehorchen, selbst dann, wenn sie unserer skeptischen Ratio nicht immer gleich verständlich sind.«

Mit einem Anflug von Ironie fügte er hinzu: »Denken Sie an die Worte LIN TSIS, des chinesischen Weisen, der zwar mit einem Lächeln, aber nicht ohne

Grund erklärt, das wahre Wunder bestehe nicht darin, über den Wolken zu fliegen oder übers Wasser zu schreiten, sondern darin, auf Erden zu gehen!«

»All das ist faszinierend«, räumte Fidèle ein. »Aber es berührt mich schmerzlich, nie absolut sicher sein zu können, daß die Wahl, die man in jedem Moment trifft, auch richtig ist. Wie kann man diesem Zweifel entgehen?«

Es war mir klar, daß Fidèle diese Frage nur stellte, weil er meine Entscheidung zu beeinflussen suchte.

Euryales Stimme veränderte sich und nahm einen überzeugenden Ton an. »Ja wie? Es gibt nur ein Mittel, das darin besteht, die geheimen Motivationen in sich zu erkennen. Oft verschleiert, stehen sie am Anfang allen Zweifels. Man erzählt sich gerne Geschichten, um eine Wahl zu rechtfertigen, die mehr einem Wunsch als einer angemessenen Beurteilung der momentanen Erfordernisse entspricht. Die Wahl, die gestern richtig war, kann heute falsch sein. Man muß den Mut zur Freiheit aufbringen, um die toten Dinge der Vergangenheit loszulassen und sich weder an sie noch an die Menschen, die man liebt, zu klammern.«

Forschend sah sie mich an, sichtlich auf meine Zustimmung wartend. Ich tat so, als hätte ich es nicht bemerkt. Und da es nun still unter uns wurde, nutzte ich nach einer Weile die Gelegenheit, um den schwankenden Boden der versteckten Andeutungen zu verlassen: »Die Intuition oder Inspiration gibt uns die richtige Wahl ein, an die wir uns halten können, wenn die Vernunft ihr beipflichtet und wenn man trügerische Rechtfertigungen als solche entlarvt.

Rechtfertigungen, die wir allzuoft heraufbeschwören, um unser Handeln nach dem Pegel unserer Ängste und Hoffnungen auszurichten. Ja dann können wir uns nicht täuschen.«

»Im Grunde wollen Sie sich nicht führen lassen«, unterbrach mich Euryale. »Fehlt Ihnen der Mut?« Sie gab sich gelassen, aber ich fühlte ihre Anspannung. »Ich rate Ihnen, den Sie überkommenden Zweifel durch ein heilsames Vertrauen zu ersetzen. Bringen Sie Ihren Intellekt zum Schweigen, und entscheiden Sie sich in Ruhe.«

Ich zuckte mit den Schultern. »Ich bin erstaunt, von Ihnen zu hören, daß die seelische Führung eines Menschen sich auf eine simple Mutfrage reduzieren läßt. Ich denke, der Glaube liegt auf einer anderen Ebene.«

»Man öffnet sich dem Glauben nicht, wie man eine Lektion lernt«, meinte Johannes, der nichts von dem heimlich ausgefochtenen Duell ahnte, das sich hinter den ausgetauschten Worten abspielte. »Der Glaube ist nicht die Conclusio einer Beweisführung und auch nicht der Schlußstrich am Ende einer Seite. Ihn lebendig zu halten, ist nicht immer leicht. Die Seele findet im Glauben ein beglückendes Gefühl, das sie im Angesicht der Übermittlung eines Mysteriums ergreift und dessen Ursprung sich in den Tiefen des unbekannten Reichs verliert.

Seien wir uns vor allem bewußt, daß der Glaube an Gott und der Glaube in Gott nicht auf der gleichen Stufe der Wertskala stehen. Zu glauben, daß eine höhere Hierarchie unsere Wahl leiten könne, ist nicht gleichbedeutend mit *dem* Glauben. *Der* Glaube entspricht einer bewußt vollzogenen Unterwerfung unter die Gesetze des Lebens.

Man überantwortet sich, symbolisch mit dem Rhythmus des Lebens geeint, dem *Selbst*, und diese Überantwortung kann Berge versetzen. Gelassen und vertrauensvoll ist man in der Lage, das Unannehmbare anzunehmen, und dieser Seinszustand ist nicht weit von dem entfernt, was die Mystiker *Erleuchtung* nennen. Wie Sie sehen, ordne ich damit den Glauben der höchsten Stufe menschlicher Vollendung zu: dem wahren Christusbewußtsein.«

Fidèle war über die Wendung, die das Gespräch genommen hatte, enttäuscht und versuchte, es wieder auf den vorherigen Gesprächspunkt zu bringen: »Die Vorstellung von einer verborgenen Hierarchie ist von entscheidender Bedeutung. Wenn man Jesus, Maria oder einen Heiligen anruft, wendet man sich unmittelbar an sie. Sie gehören zu einer unsichtbaren Hierarchie, mit der wir unverbrüchlich verbunden sind. Unsere Verantwortung besteht eben darin, im Gleichklang mit ihr zu handeln.«

Euryale schüttelte den Kopf. »Unsere Einbildungskraft neigt dazu, uns mit Begriffen jonglieren zu lassen, die uns zwar vertraut sind, aber nicht notwendigerweise den Wirklichkeiten der sogenannten okkulten Welt entsprechen müssen. Es wäre anmaßend, hier mit Ja oder Nein auf eine Frage zu antworten, die Jesus, Maria oder die Heiligen betrifft. Wir sollten uns vielmehr damit bescheiden, die Dinge auf der Ebene unserer Wahrnehmungsfähigkeiten in Angriff zu nehmen. Ich bin davon überzeugt«, folgerte sie, »daß es wesentlich leichter ist, Hypothesen aufzustellen, als sie durch klare Tatsachen zu belegen. Unsere Neuronen sind durchaus imstande, eine sehr subtile Schwingungsleistung, die von einer suprasensoriellen Quelle ausstrahlt, aufzufangen. Ich habe diese Erfahrung selbst mehrfach gemacht, aber die *Quellen* sind nicht zwangsläufig mit biblischen oder anderen Wesenheiten gleichzusetzen.«

Johannes nickte: »Sicherlich ist diese Quelle mehreren Ebenen zuzuordnen. Es muß doch aber möglich sein, diese dynamische Wirkkraft zu lenken, indem man die Barrieren, die sich einer ganz spezifischen Aufnahmefähigkeit entgegenstemmen, aus dem Weg räumt. Alle autogenen Techniken zielen letztlich auf eine rezeptive Feinfühligkeit hin. So haben etwa die verschiedenen Meditations-, Yoga-, Zentechniken, aber auch die Entspannungstherapien dieses Ziel vor Augen. Ich selbst verordne sie zuweilen meinen Patienten. – Aber es ist schon spät, Ich meine, wir sollten unser Gespräch morgen fortsetzen.«

Wir führten unser Gespräch erst einige Tage später fort, weil Euryale, Fidèle und Johannes sehr viel daran gelegen war, KRISHNAMURTI in Saanen zu hören.

»Ich glaube nicht, daß er im nächsten Jahr wieder nach Europa kommt«, hatte Euryale erklärt. »Es ist bestimmt das letzte Mal, daß es uns vergönnt ist, ihn zu hören.« Sie täuschte sich nicht.

Nach der Rückkehr faßte Johannes die Eindrücke, die sie in Saanen gesammelt hatten, kurz zusammen:

»Ich befürchte, daß selbst ein erfahrenes Publikum sich nicht ohne weiteres der von Krishnamurti geforderten Loslösung unterziehen kann. Seine mentalen Strukturen in einer Weise durchlässig zu machen, daß sie alle intellektuellen Erkenntnisse zurücklassen, ist nicht gerade leicht – vor allem nicht für uns Europäer, die wir durch unsere rationale Denkweise in unserem Verhalten versperrt sind. Der Intellekt ist zwar ein kostbares Werkzeug, aber wenn man nur auf ihn schwört, auch eine Belastung. Diese Feststellung führt uns zum Thema von neulich zurück. Es geht heute nicht mehr darum«, erklärte Johannes, »ob man glaubt oder nicht glaubt, oder ob es möglich oder nicht möglich ist, sich auf eine *Quelle* – ich ziehe dieses Wort dem der ›Hierarchie‹ vor – innerlich einzustellen. Es handelt sich vielmehr um einen Verständigungsgrad, der vom Erwachen unserer Wahrnehmungsfähigkeiten abhängt. Jeder ist berufen, seine eigenen Erfahrungen zu machen, andernfalls gerät man in die Fallen der Illusion.

Daher scheint es mir schwierig, Fidèle, davon auszugehen, daß Jesus, Maria und die Heiligen sich als personalisierte Wesenheiten offenbaren, wenn man sie anruft. Ihre Ausstrahlungen, oder besser, die Ausstrahlungen, die ihrer spirituellen Wirkkraft entsprechen, können gewiß aufgefangen werden, aber vielleicht täte ich besser daran, nicht etwas zu interpretieren, das sich jedweder Interpretation entzieht.«

Francine wandte sich an Euryale. »Wenn ich Sie richtig verstanden habe, könnten Sie und ich nach Belieben hyperphysische, außersinnliche Wahrnehmungsfähigkeiten entwickeln. Sie haben sie vielleicht schon voll entfaltet, ich aber noch nicht. Wie sollte man Ihrer Meinung nach vorgehen, um diese Fähigkeiten zu wecken? Muß man, um sie zu erlangen, sich dieser geheimnisvollen Quelle anvertrauen? Hinge unser Geführtsein letztlich also nur von uns ab?«

Euryale runzelte die Stirn. »Wir besitzen nur lükkenhafte Kenntnisse von der Funktionsweise unseres Gehirns. Wir können jedoch davon ausgehen, daß einige Menschen, die mit einer ganz besonderen Feinfühligkeit begabt sind, durch ein Phänomen der psychischen Resonanz die einer kosmischen Quelle zugeschriebenen Emanationen auffangen und in Vorstellungen und Gedanken umsetzen. Die Bezeichnung *Quelle* hat den Vorteil, verschiedene Hypothesen zuzulassen. So entwickelten einige Physiker an der amerikanischen Universität Princeton eine neue *Gnosis*. Sie behaupten, der *Kosmos* gleiche einer Ganzheit von programmierten Themen, die den *Zufall* ausschalten. Also sei das göttliche Gesetz die Quelle, deren subtiler Widerhall aufgefangen werden könne.«

»Sehr richtig«, pflichtete Fidèle ihr bei. »Wir haben es hier mit einer Hypothese zu tun, die von anerkannten Wissenschaftlern formuliert wurde. Nichts steht der Vorstellung entgegen, daß einige Neuronen unseres Gehirns in gewissen Augenblicken unter dem Einfluß normalerweise nicht wahrgenommener Wellen in Schwingung geraten können. Nach dem Muster elektromagnetischer Wellen wären diese die Informationsträger, und ich bin davon überzeugt, daß sich das *Mysterium* auf dieser Ebene abspielt.«

»Und woher kommen diese Wellen?« wollte Francine wissen.

»Hüten wir uns vor voreiligen Behauptungen«, gab Johannes zu bedenken. »Aber wir müssen zugeben, daß *berufene Wesen*, die alle Völker und Kulturen als ›Erleuchtete‹ anerkennen, uns im Lauf der Jahrhunderte über die Geheimnisse des Kosmos kostbare Auskünfte erteilt haben.« Ein verständiges Lächeln huschte über sein Gesicht. »Sie fördern unsere Evolution und ermöglichen die Entfaltung des Bewußtseins. Die volle Entwicklung der Neuronen des Gehirns, die weitaus leistungsfähiger sind als wir vermuten, verpflichtet uns, in vollkommener Einheit mit den im Kosmos waltenden Kräften zu wirken, kurz: zu wollen, was gewollt wird!

Das ist leichter gesagt als getan. Trösten wir uns in dem Verständnis, daß die Prüfungen des Daseins uns helfen, die geistige Offenheit zu erlangen, die wir suchen. Aber vergessen wir nicht, daß Wachsamkeit eine unerläßliche Tugend ist. Als das Gegenstück dieser Tugend muß eine vermeintliche Sicherheit gelten, daß wir mit einer *Quelle* in Verbindung stünden. Denn wir müssen uns stets vergewissern, ob es sich dabei nicht um eine Illusion handelt.«

»Was verstehen Sie unter *Wachsamkeit*?« fragte Fidèle.

»Die geistige Offenheit entspricht einer Erkenntnissuche, die nur bei einem Fortschritt fortgesetzt werden darf. Der Fortschritt muß jedoch die Annahme einer individuellen Veranlagung zulassen«, antwortete ich. »Erst dann ist die Absicht rein. Jegliches

Streben nach Macht, selbst wenn man sie nur zum Besten gebrauchen will, und es daher gerechtfertigt erscheint, ist unrein. Denn es zieht den Ehrgeiz nach sich, der zu der Illusion führt, man sei privilegiert und könne seine Meinung und seinen Willen anderen aufzwingen. Verblendet bildet man sich ein, alles, was man sucht, in der Welt des Okkulten finden zu können. Und schließlich kommt man vom rechten Weg ab, auch wenn man sich in dem Glauben wähnt, *klarsichtig* zu sein.«

»Das mag zutreffen«, sagte Fidèle nach einer Weile, seinen Gedanken wieder aufnehmend. »Gehen wir demnach davon aus, daß jeder mit einer besonderen Sensibilität begabte Mensch wachsam sein sollte, um zu verhindern, daß er Kräften zum Opfer fällt, die er nicht kontrollieren kann.«

»Genau!« stimmte Johannes ihm zu. »Die Menschen, die aus Neugier oder Machtstreben den vielleicht naiven Wunsch haben, parapsychologische Phänomene hervorzurufen,um dabei von ihren mediumistischen Fähigkeiten zu profitieren, laufen Gefahr, Schwingungen von destruktiven Zonen der unteren Astralebene aufzufangen. Ihre Psyche schwingt im Rhythmus der Ängste, Haßgefühle und Wirrnisse der Welt und spiegelt aufgrund einer nicht zu kontrollierenden Resonanz unzusammenhängende und manchmal erschreckende Bilder wider. Die Medien setzten sich daher der Gefahr aus, daß scheinbar unersättliche Wesenheiten von ihnen Besitz ergreifen. Diese Gefahr ist real, wenn man bedenkt, daß die Dynamik der Einbildungen, die von einer kranken, ängstlichen oder revoltierenden Gemeinschaft ins Astrale projiziert werden, sehr mächtig ist.«

Euryale nickte einverstanden mit dem Kopf.

»Die Dynamik des Lebens pulsiert in allem«, meinte Johannes weiter. »Daraus folgt, daß ein Energiefeld sich in allem und um alles manifestiert. Die Spiritisten sprechen von Larven, die Tibeter von einem Begierden- oder Astralleib, andere von einem subtilen und der heilige Paulus von einem spirituellen Körper. Die Schriftsteller der Antike bezeichneten es als *Weltseele*. Diese Metapher umfaßt die Bewegung des Lebens im gesamten Kosmos. Warum soll man dann nicht annehmen dürfen, daß aufgrund einer bestimmten Entwicklung ein quasimusikalischer Gleichklang die Seele mit der *Weltseele* einen könne? Die mystische Einung ließe sich so erklären. Als Kanal einer spirituellen Energie würde der sich berufen fühlende Mensch vom Göttlichen inspiriert handeln.«

Euryale wandte sich an mich. »Wenn ich an Ihre Vision und an die Interpretation denke, die Johannes gab, bin ich bereit, Ihnen in der Krise, in die Sie schlittern werden, mit meinen Kräften unterstützend zu helfen.«

»Nutzen Sie die Chance«, beeilte sich Fidèle hinzuzufügen. »Selbst wenn die Weisheitslehrer von einer geheimnisvollen Aura umgeben sind, muß man sich an ihren Botschaften ausrichten. Die Freiheit der Wahl fordert diesen Preis.«

Ich sah Francine an, die das Gespräch aufmerksam verfolgte. Sie verstand mich, schwieg aber.

Johannes kratzte sich am Nacken, eine Geste, die seinen Standpunkt in dieser Situation verriet. »Die freie Wahl eines jeden wird das Universum entweder in den siebten Himmel heben oder in abgrundtiefe Katastrophen stürzen. Wenn wir unsere Ansichten austauschen, so hat dieser Austausch nur dann einen Sinn, wenn er uns hilft, unsere menschliche Mission anzunehmen. Wenn jeder die seine annimmt, jeden Tag, an seinem Platz, in seinem Beruf, dann wird die Welt sich verändern.

Seine Mission annehmen, heißt auch und vor allem sie erkennen, was nicht leicht ist. Ich denke an den Laokoon-Mythos, so wie VERGIL ihn erzählt. Als trojanischer Priester und Prophet sagte er den Untergang der Stadt voraus, wenn das hölzerne Pferd der Griechen nach Troja hineingebracht würde.

Die Götter schickten zwei Schlangen, die den Propheten und seine Söhne bei der Darbringung eines Opfers verschlangen. Troja wurde, wie prophezeit, dem Erdboden gleichgemacht. Um welche Mission handelt es sich, könnte man sich fragen?

Denkbar ist, daß die schöne Helena die Anmut der hellenischen Zivilisation versinnbildlicht. Vielleicht war die hellenische Zivilisation dazu berufen, die trojanische zu verdrängen, weil diese einer überlebten Kulturepoche angehörte. Das unvergleichlich große Pferd der Griechen könnte die Größe des neuen Zyklus symbolisieren, der die Nachfolge des alten anzutreten bestimmt war. Die Vision des Propheten war zwar richtig, aber da er sich dem Lauf der Geschichte widersetzte, versäumte er es, die helfende Rolle des

Sehers anzunehmen. Aus diesem Grund bekam er den Zorn der Götter zu spüren. Im Rahmen der Entwicklung war es somit notwendig, daß die Trojaner die Prophezeiung ihres Priesters verschmähten. Laokoon hätte aufgrund seines würdevollen Amtes Einsicht zeigen müssen, ein Amt, das die *Einweihung* unabdingbar voraussetzte, mit anderen Worten: das Verständnis eines notwendigen Übergangs.

Die Einweihung setzt das Wissen um das Evolutionsgesetz voraus, und Lakoon wäre gut beraten gewesen, das Eintreten der unabwendbaren Ereignisse zu ›erleichtern‹, um blutige Konfrontationen vermeiden zu helfen. Schließen wir mit der Feststellung, daß die modernen Propheten als Verkünder von Katastrophen keine Eingeweihten sind und deshalb gut daran täten, den Mythos zu meditieren. Es liegt an uns, sie Lügen zu strafen. Sie scheinen zu vergessen, daß unser Niedergang keineswegs unabwendbar ist und daß es genügen würde, *weise* zu handeln, um das Schlimmste zu verhüten.«

# 7
# Das Problem der Todesstrafe und der Euthanasie

Die Rosen verbreiteten einen angenehmen Duft, und am Himmel schwebten Möwen. Unsere Freunde hatten uns am Vorabend verlassen.

»Glaubst du wirklich, daß Euryale uns trennen wollte?« fragte Francine.

»Nicht in dem Sinn, wie du es meinst«, antwortete ich nachdenklich. »Euryale hat recht, wenn sie behauptet, daß eine *Loslösung* nötig sei, wenn man frei denken und handeln will. Die Loslösung von allem Belastenden fordert aber nicht den Abbruch bestehender und von Liebe erfüllter Beziehungen. Euryale will dominieren und deshalb Bindungen lockern, die sich als fester zu erweisen drohen als die, welche sie gern an deren Stelle setzen möchte. Vielleicht erinnerst du dich daran, daß gewisse Sekten von ihren Anhängern den radikalen Abbruch jeglichen Kontakts mit der Familie fordern, mit dem erklärten Ziel, alle Mitglieder ganz in die Gemeinschaft eingliedern – also beherrschen – zu wollen.«

»Glaubst du«, meinte Francine nach einer Weile, »daß der Gedankenaustausch bei Treffen, im engeren oder weiteren Kreis, zu brauchbaren und vor allem im Alltag anwendbaren Resultaten führt?«

»Das hängt von jedem einzelnen von uns ab! Eine neue Welt entsteht vor unseren Augen. Der Mensch des wissenschaftlichen Zeitalters verfügt über ein beispielloses Ausmaß an Mitteln. Die Unangemessenheit aller Regierungssysteme ist meiner Ansicht nach evident. Die falschen Vorstellungen und Begriffe müssen weichen. Der Vorrang des Individuums vor dem Staat muß deutlich werden, andererseits muß das Individuum das von vorangegangenen Generationen übermittelte Gemeinwohl erkennen und achten, um es zu steigern. In unserer Zeit wird die Freiheit des Individuums in vielfältiger Weise beschnitten. Organisationen, die sich nach allen Richtungen polypenartig ausbreiten, ersticken sie, indem sie den Menschen ihre Beschränkungen aufzwingen. Die Medien entstellen so manche Äußerung mit der offenen oder versteckten Absicht, den Hörer, Zuschauer oder Leser zu beeinflussen, also ihn zu manipulieren und zu konditionieren. *Agieren ohne zu reagieren*, heißt die Losung, die jeder verstehen sollte – und sie verstehen heißt, die eigene Verantwortung anzunehmen.«

Francine stand auf. Zögernd sagte sie: »Ich danke dir, daß du der Falle, die Euryale dir gestellt hatte, ausgewichen bist. Ich bin wirklich bewegt, tief bewegt.«

»Danke nicht mir, es war dein Verhalten, das mir die unbeugsame, von Liebe getragene Kraft des Vertrauens zu spüren gab. Du warst es, die Euryale entging.«

Meine Frau ging ins Haus, und so legte ich mich auf einen Liegestuhl unter den schützenden Zweig einer Kiefer und musterte zerstreuten Blicks zwei beflügelte Löwen aus Bronze, die vor mir auf einem Steinsokkel thronten.

»Vielleicht sind sie die Hüter der Schwelle«, dachte ich, als ich ihre aufgerissenen, zähnebleckenden Mäuler ansah. Sie bedrohten niemanden, standen aber stolz auf ihren Vorderpranken und flößten Achtung ein. Sie sahen gutmütig aus, daran änderten auch die Zacken auf ihrem Rücken nichts. Mir fielen meine Phantasieritte auf ihrem Rücken wieder ein, und ich mußte unwillkürlich lächeln. Sie hatten die Träume meiner Kindheit erfüllt, denn die beiden Löwen gehörten seit jeher zu unserem Familienbesitz.

Döste oder träumte ich? Ich wußte es nicht. Die drückende Hitze verwischte meine Gedanken, und ich ließ mich von einem angenehmen Glücksgefühl davontragen. Ich sah, wie ich in meiner Kindheit einen dieser Löwen bestieg, dessen Flügel wuchsen und wuchsen. Er trug mich zu einem Lichtpunkt ... weit, sehr weit am Horizont. Eine Insel inmitten eines Sees bot sich meinen Blicken dar. Es handelte sich aber nicht um den See, an dessen Ufer ich gerade lag. Der See, dem ich mich näherte, war oval und sein Wasser smaragdgrün. Die Insel selbst erwies sich als rund und klein. Ein verehrungswürdiger Alter, der auf einem Stein saß, erwartete mich.

»Du hast einen Wunsch frei, nur einen einzigen«, hörte ich ihn sagen. »Ich werde ihn dir erfüllen.«

»Kann ich«, murmelte ich, »kann ich ...«

Plötzlich hüllte uns dichter weißer Nebel ein, die Insel verschwand, und ohne Übergang sah ich mich, mit einer hermelingesäumten Toga bekleidet, in einem Saal, dessen Decke zahlreiche Marmorsäulen stützten. Ich war Richter und hatte bei einer Gerichtsverhandlung den Vorsitz.

Ein Mensch mit kantigem Gesicht stand vor dem überdimensional großen Tisch, hinter dem ich saß. Auch er trug römische Kleidung. Ich erinnere mich noch genau an seine Sandalen mit ihren ineinandergeschlungenen Lederriemen. Seine Hände waren blutverschmiert, und zu seinen Füßen lag sein Opfer, eine Frau oder ein Mann, ich kann es nicht genau sagen. Das Beweisstück, einen Dolch, hatte man auf ein Kissen an eines der Tischenden gelegt. Auf den Zuschauerrängen drängten sich die Menschen dicht zusammen, und flüchtig erkannte ich, daß sie den Daumen zur Erde hielten.

»Nieder mit ihm!« bedeutet diese Handbewegung.

»Auge um Auge, Zahn um Zahn!« schrie die Menge heraus.

Ich betrachtete den Mörder, der im vorhinein verurteilt war, und wußte nur zu gut, daß sein Leben von meiner Entscheidung abhing – da fuhr ich plötzlich aus dem Traum hoch.

Die Irrtümer der Justiz, über die die Zeitungen ausführlich berichteten, spielten zweifellos eine Rolle in meiner traumhaften Vision. Dennoch drängte sich mir eine ebenso aktuelle wie heikle Frage auf: Muß die Gesellschaft, aus welchen Gründen auch immer, jene Menschen mit dem Tod bestrafen, die ihre Hände mit Blut besudelt haben? Was würde ich tun, wenn ich mich wirklich in der Lage des Richters befände? Über andere Menschen einer inneren Überzeugung folgend zu Gericht sitzen, heißt eine bedrückende Verantwortung annehmen, zumal das Problem der Todesstrafe keineswegs gelöst erscheint.

»Nimm etwas zum Schreiben«, schlug Francine vor, nachdem ich ihr meine Vision geschildert hatte, »und halte die Argumente fest, die deiner Meinung nach für oder gegen die Todesstrafe sprechen. Wenn es dir gelingt, vorschnelle Schlüsse zu vermeiden, wirst du verstehen, woran du dich zu halten hast.«

Ich folgte ihrem Rat und schrieb einige Gedanken auf ein Blatt Papier, die mir stichhaltig erschienen.

»Die Argumente, die für die Todesstrafe sprechen«, begann ich, »stützen sich auf scheinbar fundierte Ansichten. So könnte die Todesstrafe durch ihren abschreckenden Charakter eine heilsame Präventivwirkung ausüben und weitere Verbrechen verhindern helfen. Außerdem sehen die Opfer von Verbrechen in der Abschaffung der Todesstrafe nicht nur so etwas wie Feigheit, sondern vor allem einen Verrat rechtsstaatlicher Prinzipien.

Die Aufhebung der Todesstrafe unterhöhlt ihrer Meinung nach das Rechtsbewußtsein und fördert Akte der Selbstverteidigung, da der Staat anscheinend nicht mehr die Sicherheit aller Bürger garantieren kann. Haß, Angst und Rachsucht machen sich in der Folge breit und führen zu zahlreichen unbesonnenen Taten.

Die Argumente für die Abschaffung der Todesstrafe lassen sich ebenfalls in wenigen Sätzen zusammenfassen. Eine zentrale These ist die, daß ein Justizirrtum nicht mehr rückgängig zu machen ist, wenn die Hinrichtung des Beschuldigten bereits vollzogen wurde.

Darüber hinaus behaupten Gegner der Todesstrafe, daß der Abschreckungseffekt durch nichts bewiesen sei. Jeder Mensch, wie tief er auch gesunken sei, müsse seine Ehre wiederherstellen können oder zumindest die Gelegenheit zur Rehabilitation erhalten. Die Erlösung von Schuld sei ein wesentliches Moment der menschlichen Entwicklung, und keine Gesellschaft habe das Recht, um ihres Selbstschutzes willen Leben zu vernichten.«

Nachdem ich so die entgegengesetzten Standpunkte des Problems niedergeschrieben hatte, fügte ich einige Überlegungen hinzu, die den beiden Richtungen gerecht werden könnten, und schrieb weiter:

»Das Übel, an dem die heutige Zivilisation krankt, führt zu einem regelmäßig widerkehrenden Aufeinanderprallen entgegengesetzter Meinungen. Sein Ursprung liegt in einem ungesunden Kompromiß. Dieser leitet sich aus einer fehlerhaften Ansicht zu einer Frage her, die die Tatsachenebene der Gesellschaft überschreitet. So wird die Abtreibung gerechtfertigt und legalisiert, während man die Todesstrafe abschafft und sich beide Male auf humanitäre Beweggründe beruft. Hier vernichtet man Leben, da schützt man es.

In unseren Tagen ist das Paradox König. Gottesleute (oder solche, die sich so nennen) rufen den Allerhöchsten an, um den Fanatismus der Gläubigen zu schüren und sie zu einem Angriff auf andere Gläubige zu verführen, die nicht weniger fanatisiert sind. Die Verbindung von geistiger und weltlicher Macht läßt manche vergessen, daß Autorität und Macht hier miteinander verwechselt, folglich verkannt werden, und daß diese Fehleinstellung Zwietracht unter die Menschen sät.

Das Problem der Todesstrafe ist ein Appell an das Gewissen aller Individuen, daher gilt es, sie mit klarem Blick näher zu betrachten. Das unausweichliche, irreparable Schicksal, Tod genannt, unterbricht das Dasein, obwohl das Wort *unterbrechen* an eine Fortsetzung, ein Wiederaufnehmen oder eine Wiederkehr denken läßt. Doch wir wollen nichts behaupten und lassen deshalb den Gedanken an eine mögliche Wiedergeburt außer acht. Wir sollten uns mit dem Hinweis auf die offenkundige und von der heutigen Naturwissenschaft bestätigte Tatsache begnügen, daß energetische, elektromagnetische, thermodynamische und andere Kraftfelder in dauernder Wechselwirkung stehen. Die dynamischen Wechselbeziehungen in einer sich stets wandelnden Welt ließen sich damit beweisen.

›Wenn ein Elektron oszilliert, vibriert das Universum‹, behauptete ARTHUR EDDINGTON. Der Lebensrhythmus verbindet selbst das scheinbar Getrennte und offenbart so die Einheit des Kosmos.

Für den Menschen, der sich dieser Wirklichkeit bewußt und dem Universum auf vielfältigste Weise verbunden ist, kann das physische Ableben nicht uneingeschränkt die Nichtung seines Wesens bedeuten. Die Beziehungen, die jeden von uns mit der Um-welt verbinden, gehen vom Dichten zum Subtilen, also von der Materie zum Geist. Die Vorstellung, daß die Evolution im *Jenseits* endet, fällt schwer. Dieser Begriff umschreibt eine uns unbekannte Dimension des Universums übrigens nur sehr verschwommen.

Wir neigen dazu, Himmel und Hölle bestimmten Orten zuzuweisen, weil wir rational nicht imstande sind, einen postexistenziellen Zustand jener ›energetischen Partikel‹, die wir Seele nennen, zu begreifen. Man könnte sich jedoch vorstellen, daß diese Partikel, im An- oder Mißklang mit dem Lebensrhythmus, der diesseits und jenseits der Todesschwelle pulsiert, Prüfungen zu bestehen haben, die allen Traditionen zufolge der entkörperten Seele vorbehalten sind. Von irdischen Erfahrungen moduliert, schwingt sie je nach ihrem Entwicklungsstand und ihrer Befindlichkeit im Einklang mit einem harmonischen oder disharmonischen, einem konsonanten oder dissonanten Rhythmus.

So gesehen muß die Todesstrafe aus einem neuen Blickwinkel erwogen werden. Man müßte sich nämlich fragen, ob eine lebenslängliche Gefängnisstrafe dem Deliquenten eine Lösung seiner Probleme erlaubt. Darunter sei verstanden, daß er sich der wahren Motive, die ihn zum Verbrecher oder – wie im vorliegenden Fall – zum Mord trieben, bewußt wird. Ist das Gefängnis mit seiner entwürdigenden *Übervölkerung*, seiner destruktiven Atmosphäre als Brutstätte von Begierden und affektiven Zwängen der Ort, an dem diese Bewußtwerdung sich vollziehen und begangenes Unrecht sich wiedergutmachen läßt?

Vor dem Hintergrund dieser Zusammenhänge gewinnt die Verantwortung des Richters an Gewicht. Es ist unmöglich, die psychologischen Veränderungen des Straffälligen auf viele Jahre hinaus vorherzusehen und seine Psyche zu ergründen. Daher ist sein von der Vergangenheit geprägter künftiger Werdegang nicht zu bestimmen und selbst der wohlgesinnteste Richter unfähig, nach bestem Wissen und Gewissen ein Urteil zu sprechen. Daran ändert auch die Tatsache nichts, daß die Geschworenen den Angeklagten für schuldig befinden. In den Händen des Richters liegen die unwägbaren Fäden eines Schicksals, deren Verknüpfung sich ihm entzieht.

Gibt es einen Mittelweg, der dieser augenscheinlichen Problematik Rechnung tragen könnte? Wäre es denkbar, die Todesstrafe als Strafgerichtsbarkeit abzuschaffen, indem man den Verurteilten selbst eine Entscheidung fällen ließe? Er hätte das Recht, den Tod anstelle einer lebenslänglichen Internierung zu wählen. Er könnte in Ruhe nachdenken, sich innerlich vorbereiten, sich diese Frage immer wieder stellen und zu den lebendigen Wesenskräften seines Innersten Zuflucht nehmen. Durch das höchste und freiwillige Opfer über sich selbst erhoben, könnte eine erlösende Wandlung in ihm vor sich gehen, und eine solche Möglichkeit wäre für den Verurteilten eine fundamentale Erfahrung.

›Wie aber wird sich ein hartgesottener Verbrecher verhalten?‹ könnte man einwenden. Die Antwort ist einfach. Ohne Zögern wird er die harte Prüfung eines lebenslänglichen Aufenthalts im Zuchthaus wählen, weil er sich in seinen Gedanken wohl von der Vorstellung leiten läßt, nach zwanzig Jahren wieder auf freiem Fuß zu stehen.«

Diese und ähnliche Überlegungen brachte ich zu Papier. Spiegeln sie das wider, was mit der Ordnung der Dinge in Einklang steht, wenigstens in heutiger Zeit? Ich wage es zu hoffen, weil ich die Schwierigkeiten kenne, die mit einem solchen Vorschlag verbunden sind. Dennoch bleibt die Frage unbeantwortet, ob der Mensch überhaupt das Recht habe, seinem Leben ein Ende zu setzen. Hat nicht das fünfte Gebot absolute Gültigkeit, ohne Einschränkung, ohne jedes Wenn und Aber?

Man müßte damit beginnen, das Wort *Recht* durch das Wort *Vernunft* zu ersetzen. Ist es vernünftig, den eigenen Tod zu wollen? Wenn das Leben einen Sinn hat, werden sich nichtgelebte Erfahrungen und nichtgelöste Probleme im Rahmen einer *Weiterentwicklung* erneut stellen. Die Evolution geht weiter, auch wenn wir nicht wissen wie. Also muß man fragen, ob sich der Angeklagte, der den Tod wählt, um seine Schuld zu sühnen, richtig entschieden hat, zumal er diese Wiedergutmachung mit seinem Leben bezahlt. Handelt es sich um einen Akt der Bewußtwerdung, der innerhalb seiner individuellen Entwicklung erfolgt und sich auf ein neues Dasein auswirken könnte? Sicherlich ein großes Geheimnis!

Alle religiösen Traditionen gehen davon aus, daß das Verscheiden nur eine Umwandlung ist, die von einem Bewußtseinszustand zu einem anderen führt. Wenn man diesen Gedanken innerlich zustimmen kann und gleichzeitig anerkennt, daß jeder Mensch berufen ist, hier und jetzt sein Schicksal auf Erden anzunehmen, darf man vermuten, daß die jenseitigen Aufgaben schwerer oder leichter zu bewältigen sein werden, je nachdem, wie die irdischen Handlungsweisen bereits mit jener umfassenden Ordnung der Welt, mit dem Seinsgesetz übereinstimmen. Unter diesem Blickwinkel nehmen die Vorstellungen von Himmel, Hölle und Fegefeuer eine ganz bestimmte Bedeutung an. Es handelt sich um Seelenzustände, die wir intellektuell nicht begreifen können.

Die Erfahrungen des Daseins sind wesensmäßig dazu bestimmt, ein geistiges Offensein einzuleiten, ein Offensein, das eine immer klarere Ausrichtung täglicher Handlungen nach den Erfordernissen des Augenblicks ermöglicht. So muß der Alltag als Lernprozeß zur Meisterung des Schicksals führen.

Es ist nicht ausgeschlossen, daß der Strafgefangene sich dessen trotz oder gerade wegen der mißlichen Verhältnisse im Gefängnis bewußt wird. Dennoch besteht die Gefahr eines langsamen und stetigen Verfalls auf physischer, psychischer und geistiger Ebene. Ein solcher Verfall erzeugt eine krankhafte Atmosphäre, die mit der gewünschten Entwicklung nicht vereinbar ist. Die Gefahr ließe sich wohl vermeiden, würden die Gefängnisse aus einer von der vorherrschenden sehr verschiedenen Sicht verstanden und geführt. Es ist nur bedauerlich, daß die Realität anders aussieht.

Die Erfordernisse des Augenblicks könnten einen ganz neuen Zugang zu dem Problem der Todesstrafe begründen und würden den Menschen dazu verhelfen, sich in die Evolutionsspirale des Seins einzuordnen.

Diese Überlegungen führen uns auf direktem Weg zu dem heiklen Problem der Euthanasie. »Solange es Leben gibt, gibt es Hoffnung«, sagt ein altes Sprichwort. Wenn der Schmerz unerträglich wird, das Gehirn paralysiert ist und die Botschaft des Leidens nicht mehr wahrgenommen werden kann, besteht diese Hoffnung dann noch? Kann man aus Liebe, und einzig und allein aus diesem Motiv, die Leiden des geliebten Wesens abkürzen? Ist man sicher, keiner Täuschung zu unterliegen? Kann man, aus Opferbereitschaft, an die Stelle des Schicksals treten? Eine brennende Frage!

Der Zenturio LONGINUS durchstieß – aus Mitleid und um die Leiden des Herrn abzukürzen – mit der Lanze dessen Seite. PARZIVAL milderte die Schmerzen AMFORTAS' mit eben dieser Lanze. Die Symbole sprechen, aber ihre Sprache ist geheim.

Beschränken wir uns auf die Aussage, daß es wohl unsinnig ist, das vegetative Überleben eines Sterbenden mit technischen Mitteln zu verlängern. Wenn das Gehirn aufhört, seine Funktion zu erfüllen, ist der Tod eine Erleichterung. Eines weiteren Urteils sollten wir uns enthalten, denn unsere Vorstellungsfähigkeiten reichen nicht aus, alle damit zusammenhängenden Folgen einzubeziehen. Nur eine Vision des *Grenzenlosen* könnte die unentbehrlichen Faktoren zu einer Entscheidung liefern, die das rationale Erkenntnisvermögen übersteigt. Wir sind dazu nicht in der Lage, aber wir können uns darauf vorbereiten, bewußt zu sterben, ohne uns aus Angst gegen das unausweichliche Ende zu stemmen. Das ist die Gnade, welche die Eingeweihten, Weisen und Priester aller Religionen denen wünschen, die gewillt sind, ihre Worte zu vernehmen.

Aber allzuoft bleibt die Angst lebendig. Gibt es Mittel und Wege, sie zu überwinden?

# 8
# Die Überwindung der Angst vor der Zukunft, vor dem Tod

Aus den Zeitungen erfuhr ich von dem schrecklichen Geschehen eines Flugzeugunglücks. Eine Bombe hatte die Maschine in dreitausend Meter Höhe zerfetzt. Während ich den Bericht überflog, stellte ich mir die Angst der Passagiere, Stewardessen und Piloten vor, als sie durch die Explosion gegeneinander geschleudert und sich ihres unmittelbar bevorstehenden Endes bewußt wurden. Die wenigen Sekunden, die dem Nichts vorangingen, müssen grauenhaft gewesen sein.

Ist es denkbar, unter solchen Umständen gelassen zu bleiben? Wie kann man den Tod ohne inneren Aufruhr annehmen, wie kann man gelassen sterben?

Der Selbsterhaltungstrieb ist stark, und der Mensch besitzt glücklicherweise ein Alarmsystem, das ihn schützt. Die Selbstschutzreflexe sind unerläßlich, und sei es, um beim Überqueren einer Straße einem besonders eiligen Autofahrer zu entwischen. Panische Angst erfaßt einen Menschen, wenn er einen Unfall kommen sieht oder fühlt. Trotzdem kann eine gewisse Unerschütterlichkeit die Oberhand gewinnen, und zahlreiche Beispiele beweisen es. In diesem Fall könnte das Sich-selbst-Vergessen zumindest manchmal eine bestimmende Rolle spielen.

Der Faktor *Zeit* und der Faktor *Raum* sind hier von Bedeutung. Aber wenn man der Frage auf den Grund gehen will, muß man sich die äußerste Anspannung der Menschen vergegenwärtigen, die dem Tod ins Auge sehen. Könnte man ihn annehmen, würde sich eine eindrucksvolle, tiefgreifende Wandlung vollziehen. Unter dem Druck des Schicksals wächst man über sich hinaus. Das Wesen löst sich von der Kreatur, es befreit sich von den Ketten, die sie ihm umlegt. Es kostet vom »großen Leben«, und das Hinscheiden der Kreatur berührt es nicht mehr.

Das ist keine Hypothese. Tausende von Beispielen stellen dies unter Beweis.

Auf einem Schlachtfeld, vom Donner der Bomben umgeben, im Inferno eines tödlichen Gemetzels, vergißt sogar der Ängstliche seine Angst, vergißt er den Tod, der überall auf ihn lauert, übersteigt er seine natürlichen Instinkte und verwandelt sich in einen Helden. Einen Augenblick nur, aber es ist ein unvergeßlicher Augenblick, der ihn Jahre später dazu veranlaßt, eine offensichtlich schreckliche, wenngleich sublimierte Erfahrung zu schildern.

Kann man die Angst überwinden? Wenn ja, wie? Das ist die unvermeidliche Frage, wenn man in die Zukunft blickt.

Die Angst kann erst in einem Zustand vollkommener Gelassenheit überwunden werden. Aus persönlicher Erfahrung wage ich zu behaupten, daß diese Überwindung möglich ist.

Das Schicksal bedrängt uns manchmal hart, aber was unter dem Druck des Schicksals geschieht, muß kühlen Kopfes geschehen können. Es steht durchaus in unserer Macht, die Angst zu transzendieren. Sie ist in unserer Zeit allgegenwärtig und nimmt alle möglichen und selbst die überraschendsten Formen an. Ich bin fest davon überzeugt, daß die Greueltaten, die Menschen nicht nur in Kriegs-, sondern auch in Friedenszeiten begehen, letztlich in der Angst begründet sind.

Stellen wir uns einen »Zauberlehrling« vor, den es nach Macht gelüstet. Er wird denen, die ihm folgen, die Befriedigung mancher Rachegelüste versprechen und ihnen Wirkungsmöglichkeiten eröffnen, die seinen schnellen Aufsteig zum Gipfel der Macht erleichtern und fördern.

Von da an werden seine Anhänger in ihrem Fanatismus alles tun, um ihre angebliche Überlegenheit zu behaupten. In ihrem Hochmut und um sich bei denen Genugtuung zu verschaffen, die sie bis dahin zu achten hatten, die sie beneideten oder fürchteten, blähen sie sich maßlos auf. Sie werden ihre Ziele brutal durchzusetzen wissen, weil sie ständig fürchten, ihrer neuen Privilegien beraubt zu werden. Konzentrationslager, Geiselnahmen, Terroranschläge und sadistische motivierte Folterungen veranschaulichen diesen Geisteszustand nur zu deutlich.

Wenn man den niederen Instinkten der Menschen, die man fanatisieren will, schmeichelt und ihnen zudem die absolute Priorität einer angeblich für sie bestimmten Aufgabe vorgaukelt, schafft man blinde Eiferer, die letztlich zu allem bereit sind. Um ihre Funktion, ihre Bedeutung aufrechtzuerhalten, fühlen sie sich zu den schlimmsten Schändlichkeiten berechtigt. Nichts von dem, was wir empfinden, ist jedoch sinnlos. Die Ereignisse überstürzen sich und spornen uns an, die Ursache für die Schrecken der Vergangenheit zu verstehen. Das Schicksal zwingt uns regelmäßig, das Erworbene über Bord zu werfen. So hält es uns dazu an, die Ergebnisse unserer Erfahrungen unaufhörlich zu überprüfen. Darüber hinaus zwingt uns die Angst, unseren Platz im Universum zu finden. Oben der Himmel, unten die Erde, und wir zwischen Himmel und Erde, verloren in einer Unermeßlichkeit, deren Geheimnis wir zu ergründen suchen.

Da wir aus Angst alles, was uns in Furcht versetzt, beherrschen und unter Kontrolle haben wollen, stützen wir uns auf die Beobachtung. Sie ist die Basis jeder Wissenschaft, aber auch die Grundlage der Religion. Weil der Mensch ein höheres und allmächtiges Wesen fürchtet, bleibt er immer bemüht, es für sich einzunehmen, indem er sich seinem Gesetz zu unterwerfen sucht.

Angst schärft den Verstand, die Tochter der Weisheit, die den Weg zum Wohlergehen weist. Doch nur im Übersteigen der Angst kann man dieses erreichen.

Dabei ist zu berücksichtigen, daß die Evolution als solche die Angst mit sich bringt. Denn erst die Angst führt zur aufmerksamen Beobachtung und diese ihrerseits wieder zu Entdeckungen und in deren Folge zum Verständnis. Erst das wahre Verständnis erzeugt die Liebe, die jede Angst auflöst.

Handelt es sich dabei um einen *Stand der Gnade*? Ja, könnte man antworten, sofern man zubilligt, daß prinzipiell jeder ihn erlangen kann – denn Gott wird nicht mit dem Schicksal der Menschen würfeln und diesen *Stand der Gnade* nur Auserwählten vorbehalten, wie manche Theologen es glauben machen wollen.

Erläutern wir zunächst den Begriff *Stand der Gnade*, und lassen wir dabei die einander widersprechenden Auslegungen außer acht. Nach den heiligen Schriften soll die Gnade eine Gabe Gottes sein. Wenn das so ist, muß es möglich sein, diese Gabe zu erlangen. Dem Sinne einer Gabe entsprechend, könnte der Stand der Gnade nicht erbettelt werden, sondern würde dem Menschen zuteil, der sich auf ihre Aufnahme *vorbereitet* hat. Diese Vorbereitung beginnt mit einer inneren Ausgeglichenheit. Inmitten der Geschäftigkeit der Welt ist es sinnvoll, seinen Weg zu gehen und sich in allem vom gesunden Menschenverstand leiten zu lassen, der über jeden Zweifel erhaben ist.

In heutiger Zeit werden unsere Zweifel von einer Flut alarmierender Nachrichten gefährlich verstärkt. So läßt sich die Verwirrung einer Menschheit erklären, die ihren Weg sucht. Ihre Reaktionen sind verständlich, aber schädlich. Jede Reaktion ist die Folge einer mentalen Unruhe, die verblendende Illusionen ins Leben ruft. Man bildet sich ein, zu Leiden verurteilt zu sein, man bildet sich ein, seinen Verpflichtungen nicht nachkommen zu können, man bildet sich ein, das Opfer von Kräften zu werden, die man nicht beschwören kann, man bildet sich ein ...

Was nützt es, eine Aufzählung fortzuführen, die nie erschöpfend sein kann? »Wenn Euer Glauben auch nur so groß ist wie ein Senfkorn ...«, lehrte JESUS. Gewiß, aber unglücklicherweise öffnet man sich nicht dem Glauben, wie man eine Lektion lernt. Begnügen wir uns damit, unser Herz der Welt zu öffnen, um unsere wahre Menschlichkeit anzunehmen. Das ist die einzige Möglichkeit, demütig und angstfrei selbst seinem eigenen Untergang entgegenzusehen.

Diese Bereitschaft des Herzens und des Geistes bewirkt den Stand der Gnade, oder vielmehr, sie entspricht dem Stand der Gnade. Man vergißt seine eigenen Unannehmlichkeiten und Schwierigkeiten, wenn man sie mit denen anderer vergleicht, die oft unendlich viel härter mitgenommen werden als man selbst. Zu Beginn geht es um eine Übung, die, je weiter man sie praktiziert, desto mehr in eine verständnisvolle Haltung einmündet. Man entwickelt ein tiefes Mitgefühl, das sich durch eine aktive Empfindlichkeit auszeichnet. Das Mitgefühl ist ein Ausdruck der Liebe, welche die Angst auflöst.

Natürlich muß man die Tücken im Ablauf mentaler Prozesse erkennen, denn diese Tücken schätzen wir besonders, eben weil sie uns eine Illusion von Sicherheit verschaffen. Man wähnt sich geschützt oder man gefällt sich in der Rolle, angesichts der Leiden anderer das *Karma* anzurufen. Ein bequemer Vorwand, zumal er die Idee einer immanenten Gerechtigkeit nahelegt, die sich, Gott sei Dank, nicht gegen einen selbst, sondern gegen den Nachbarn richtet, der eine alte Schuld von einst zu bezahlen hat.

Das ist insofern befriedigend, als jeder davon ausgehen möchte, daß man schweren Prüfungen entkommen kann, wenn man sie nicht selbst verursacht hat. Da dem vielleicht nicht so ist, sollten wir achtsam sein und die Botschaft vernehmen, die die Angst uns vermitteln möchte. Vermag sie vielleicht das Mitgefühl zu stärken? Vermag man in ihrer Überwindung das Wunder zu vollbringen, das der Geist vollbringen kann? Vermag man dem physiologischen und psychologischen Druck zu entgehen, der die Wurzel jeder Angst ist?

Ich gebe zu, daß es vergeblich ist, das sich allen logischen Kriterien Entziehende erklären zu wollen. Die Behauptung, die vertrauensvolle, also angstfreie Annahme der Prüfungen des Daseins sei eine Erleichterung, ist eine an dieser Stelle durchaus angebrachte Überlegung. Sich einem Größeren, als man selbst es ist, zu überlassen, bedeutet einen Glaubensakt, der nicht unbedingt für jedermann verständlich ist.

Der Wunsch, die Angst hinter sich zu lassen, sich von ihr zu befreien, erklärt die Sehnsucht des Abenteurers, der sich auf die gefährlichsten Situationen einläßt, weil er unbewußt den Höhepunkt der Angst sucht, die er transzendieren möchte. Er überschreitet eine Schwelle, entledigt sich aller Fesseln und erreicht in der Begeisterung eine übermenschliche Freude. Er kostet von dem großen Leben und vergißt sein Dasein.

Der Sportler, der nicht den Sieg sucht, sondern seine eigenen Grenzen zu überschreiten trachtet, macht eine ähnliche Erfahrung. Ein Mystiker, der die Sinneswelt transzendiert, um die unsagbare Freude eines Eintauchens in das große kosmische Ganze zu erleben, vergißt ebenfalls sein Dasein. Auch bei manchen Naturvölkern erleben die Tänzer während der Initiationsriten durch den mitreißenden Rhythmus der Musikinstrumente eine geradezu überschäumende Lebenskraft. Von einer Energieaura umgeben, befindet sich der Tänzer in einem rauschähnlichen Glückszustand und meint, unverwundbar und allmächtig zu sein. Diese Aura wirkt und schlägt die Zuschauer in ihren Bann, die auf ihre Weise an der Scheintrunkenheit der Tänzer teilhaben.

Eine Frage drängt sich unmittelbar auf. Kann man diesen Zustand totaler Freiheit kühlen Kopfes im Alltag erreichen? Reichen die mentalen, supramentalen und spirituellen Fähigkeiten aus, um dieses Stadium der Freiheit zu erlangen?

In Wirklichkeit handelt es sich um ein Erwachen im umfassenden Sinn des Wortes. Das Erwachen findet jedoch kontinuierlich statt. Auf dem Rollband des Daseins trägt jedes Ereignis, jede Erscheinung und jede Erfahrung dazu bei, eine Sicht zu erweitern, die die Schranken des Bewußtseins sukzessive durchbricht.

Das Bewußtsein ist die Frucht des Lebens, die vom Anbeginn bis zum Endpunkt reift. Was *ist*, gewinnt die Oberhand über das, was *wird*. Was *ist*, flößt keine Angst ein. Aber man hat Angst vor dem, was *wird*. Von den Fesseln befreit, agiert man, ohne zu reagieren. Man will, was gewollt wird, und man wagt es, selbst zu denken, das heißt in vollem Einklang mit seinem Unterbewußtsein, dem inneren Meister, der sich nicht täuschen kann. Das ist zugegebenermaßen nicht leicht, da man alles aufgeben muß, was man zu verlieren fürchtet – wirklich aufgeben, um es aufs beste und viel freier von neuem in Besitz zu nehmen ...

# 9
# Statt Pseudospiritualität Religiosität des Herzens

Das Telefon läutete.

»Ich bin's: EONA«, hörte ich mit Freuden. »Ich komme gerade aus Indien zurück. Kann ich Sie besuchen, oder käme ich Ihnen jetzt ungelegen? Ich bin in Genf.«

»Ausgezeichnete Idee! Sie sind herzlich willkommen«, antwortete ich. »Nehmen Sie das Schiff, ich erwarte Sie am Anlegeplatz. ODILE, die junge Frau, die meine ›Fremdenführerin‹ in Irland war, verbringt gerade einige Tage bei uns. Sie hat einen Monat bei MUTTER TERESA in Kalkutta gelebt. Wir könnten unsere Eindrücke austauschen und sind gespannt, was Sie uns zu erzählen haben.«

Während des Essens kam eine rege, ja fröhliche Stimmung auf. Die brünette Odile und die blonde Eona erzählten nacheinander von ihren Erlebnissen und Erfahrungen in Indien. Beide hatten dort eine spirituelle Wahrheit entdecken wollen. Sie waren zwar nicht enttäuscht zurückgekehrt, aber darin einig, daß sie das, wozu sie aufgebrochen waren, nicht gefunden hatten.

Eona wollte dort das Leben der Weisheitslehrer kennenlernen, während Odile sich vorgenommen hatte, wenigstens einige Wochen in den von Mutter Teresa gegründeten Spitälern zu arbeiten. »Sie ist eine Heilige«, wurde sie nicht müde zu sagen, »und die Menschen, die ihr zur Hand gehen, um die Ärmsten der Armen zu pflegen, leisten eine nicht weniger verdienstvolle Samariterarbeit. Sie kommen aus allen Himmelsrichtungen. Diese jungen, aber auch älteren Frauen und Männer stehen bereits um vier Uhr morgens auf, um an der ersten Messe teilzunehmen. Sie können sich vorstellen, daß sie einen harten Tag zu bestehen haben. Die Behandlung der Kranken, die Zubereitung der Mahlzeiten und die Ausführung der verschiedensten Arbeiten läßt niemanden zu Ruhe kommen. Zudem wird viel, sehr viel Zeit auf das Gebet verwendet.

Alle Mitarbeiter Mutter Teresas müssen bei zahlreichen kirchlichen Zeremonien anwesend sein, die nach einigen Stunden Unterbrechung wieder aufgenommen werden.

Ich bestreite nicht, daß das Gebet dazu beitragen kann, eine gewaltige Kraft im Menschen wachzurufen, aber ich habe mich oft gefragt, ob ein kurzer, erholsamer Schlaf nicht der strikten Befolgung einer klösterlichen Askese vorzuziehen sei. Ich habe versucht, Mutter Teresa darauf anzusprechen, aber in dieser Hinsicht ist ihre Überzeugung unerschütterlich. ›Die Teilnahme an vier Messen pro Tag stärkt den Glauben‹, versicherte sie mir.«

Eona hörte zu, ohne ein Wort zu sagen. Die feinen

Züge ihres Gesichts verrieten eine hohe Sensibilität, die sie zu verbergen suchte.

»Meine Erfahrungen sind anderer Natur«, behauptete sie. »Dennoch spielen Gebet und Meditation darin auch eine entscheidende Rolle. Könnten wir dieses Thema vielleicht vertiefen, denn man betet und meditiert ja seit Menschengedenken?«

Sie sah mich fragend an.

»Wir können ja später darauf zurückkommen«, schlug ich vor. »Erzählen Sie uns zunächst von Ihren Reisen.«

»Ich werde mich kurz fassen. Meine Rundreise führte mich vom Norden in den Süden dieses unendlich großen Landes. Ich habe *Ashrams* besucht und an Riten, Feiern und religiösen Veranstaltungen aller Art teilgenommen. Ein- oder zweimal durchlebte ich den Schock einer authentischen Seinserfahrung. Aber nur ein- oder zweimal. Im übrigen habe ich die schamlose Ausbeutung der spirituellen Suche von Menschen beobachtet, die von weit angereist kamen, um in diesem oder jenem *Guru* den Lehrmeister ihrer Träume zu finden.

Ich möchte Ihnen erzählen, was ich in der Gegend von Bombay in der Nähe eines *Harekrishna*-Tempels erlebte. Der Tempel ist ganz neu. Sein prunkvoller Mamor und seine mannigfachen Goldverzierungen beeindrucken Einheimische und Fremde. Die Anhänger der *Harekrishna*-Sekte brauche ich Ihnen nicht zu beschreiben. Orangefarben gekleidet, den Schädel bis auf ein Büschel Haare kahlgeschoren, mit blassem Gesicht und zumeist kränklicher Erscheinung – so sind sie den Europäern wohlbekannt. Ihr Reichtum ist groß, denn eine wahre Flut von Spenden geht bei ihnen ein. Sie versprechen ihren großzügigen Spendern das Paradies, und die Spender wollen es sich verdienen.

Nicht weit vom Tempel entfernt empfing mich SRI-SRI-SAT-(und so weiter – ich laß' den Namen einmal beiseite) in diesem Ashram und fragte mich, ob ich in seinen Glauben initiiert werden wollte. Ich willigte ein.

›Knien Sie sich nieder‹, befahl er mir, ›und lassen Sie mich in Ruhe meditieren, damit ich mir Gewißheit verschaffen kann, ob der große allmächtige Meister, dessen göttliche Verkörperung auf Erden ich bin, die Güte besitzt, einen neuen Schüler anzunehmen.‹

Nach zwei oder drei Verneigungen vor einer eingerahmten Photographie setzte sich Sri-Sri in den Lotossitz, und für eine Weile herrschte Stille. Sie erschien mir lang, denn ich ließ mich von der List nicht täuschen, die mich offensichtlich beeindrucken sollte. Sri-Sri reichte mir ein dünnes, ölhaltiges Papierblatt.

›Zerknüllen Sie es, und halten Sie den Papierknäuel in Ihrer geschlossenen Hand fest umklammert.‹

Ich folgte seiner Anweisung.

›Sprechen Sie mir mehrmals hintereinander mit lauter Stimme den Namen *Ram* nach. Einmal, zweimal, zwanzigmal ...‹

Die rhythmisch skandierte Schwingung hatte eine einschläfernde und leicht bezaubernde Wirkung.

›Geben Sie mir das Blatt, so wie Sie es jetzt in Ihrer Hand haben‹, sagte er zu mir.

Sri-Sri faltete das Blatt auseinander und schien verdutzt zu sein. Er konnte nur feststellen, daß es so leer wie vorher war. ›Es fehlt Ihnen die Inbrunst des Glaubens‹, beteuerte er. ›Konzentrieren Sie sich, und beginnen Sie von neuem.‹

Ich kam seiner Aufforderung nach und, o Wunder, als Sri-Sri nach einer Weile das zerknüllte Papier wieder auseinanderfaltete, standen indische Buchstaben darauf. Sri-Sri hob die Hände in einer Geste der Anbetung zum Himmel, um anschließend vor mir niederzuknien. Kaum wieder aufgestanden, berührte er mit seinem Daumen meine Stirn an der Nasenwurzel. Ich verspürte einen starken Druck, während sich im Zimmer gleichzeitig ein zarter Duft ausbreitete.

›Sie gehören jetzt zu unserer Gemeinschaft‹, versicherte er mir. ›Vergessen Sie nicht, bevor Sie gehen, an die Spende zu denken, die ein solches Privileg rechtfertigt.‹«

»Ein Beispiel für viele«, fuhr Eona fort. »Die Feuchtigkeit meiner Hand brachte eine mit unsichtbarer Tinte geschriebene Schrift zum Vorschein. Was das Parfüm betrifft, so läßt es sich durch eine auf meiner Stirn zerquetschte Tablette erklären.

Raffinement, Tricks und andere Schliche versetzen Europäer, Amerikaner und andere Leichtgläubige in andächtiges Erstaunen. Diese bunte Gauklerwelt zieht die Hippies magnetisch an, die ihr Elend mit sich herumschleppen und sich ihre tägliche Droge in ihrem desolaten Zustand nur durch Bettelei verschaffen können. Hepatitis, Syphilis und Krankheiten aller Art sind ihr Los. Bedauerlicherweise wurden sie zu

Parasiten. Aus Angst vor der materialistischen Welt, der sie den Rücken gekehrt haben, fühlen sie sich von einer Pseudospiritualität angezogen. Dies nützen vor allem die Pseudoinstruktoren und Gurus aus, die sie zudem meist aus politischen Gründen noch weiter ins Elend treiben.

Entwurzelt und enttäuscht, vergessen diese Vagabunden, daß jeder von uns eine Aufgabe zu erfüllen hat. Sie vergessen, ihr Schicksal und damit ihre Verantwortung anzunehmen, und werden zu Ausgestoßenen und wir zu Komplizen, da unsere Nachlässigkeit sie anspornt, ein verlassenes Paradies zu suchen.«

Von ihrer Erinnerung überwältigt, deutete Eona mit einer Handbewegung ihre Ratlosigkeit an.

»Ich habe mich oft gefragt, warum die Weißmagier – und ich denke dabei an die Eingeweihten von hohem Rang – nicht einschreiten, um die Schwarzmagier, die falsche Führungselite, daran zu hindern, Ziele zu verfolgen, die von vornherein zum Scheitern verurteilt sind.«

Sie seufzte.

»Aber jetzt stelle ich mir diese Frage nicht mehr. Wenn sie es täten, wäre uns nicht mehr die Möglichkeit gegeben, den Irrtum zu erkennen, und wir würden einer unerläßlichen Erfahrung beraubt.«

Ohne eine Antwort abzuwarten, fuhr sie fort: »Es ist überflüssig zu erwähnen, daß an allen sogenannten spirituellen Stätten die Meditation ein fester Bestandteil der Rituale oder Vorbereitungen zur wahren, aber auch zur falschen Initiation ist. Von daher meine beiden Fragen: Warum meditiert und warum betet man eigentlich?«

»Wir sollten die beiden Fragen systematisch angehen«, schlug ich vor. »Wir müssen uns zu Bewußtsein bringen, daß mit dem Anwachsen der Verwirrung und Desorientierung in der Welt sich auch immer klarer das Bedürfnis abzeichnet, sich von dieser Wirrnis zu befreien. Man sucht etwas ganz anderes und hofft, schließlich die innere Stille zu finden. Der Meditierende wendet sich einer anderen Dimension zu. Dennoch sollte er die Meditation nicht *angehen wollen*, sondern sich von ihr *angehen lassen*. Es nützt nichts, das Öffnen einer Tür, die sich nur nach außen öffnen läßt, dadurch erzwingen zu wollen, daß man sich unentwegt von außen gegen sie stemmt. Man muß zurücktreten, um den Türflügel freizugeben, mit anderen Worten, ins *Selbst* eintreten. Erst im Tiefstinneren des Selbst kommt man zur wahren Ruhe. In sich muß man die Stille einer wesentlichen Verinnerlichung entdecken, indem man, und sei es nur für einen Augenblick, an der wohltuenden Leere einer Fülle teilhat, die sich jeder Beschreibung entzieht.«

»Worin besteht dann der Unterschied zwischen der Meditation und dem Gebet?« wollte Odile wissen. »Ich denke an ein Gebet, das sich mit den tiefsten Wesenskräften verbindet und in einer freimütigen Hingabe verrichtet wird.«

»Das Gebet, so wie Sie es darstellen, ist der Meditation sehr nahe, einer Meditation, in der sich der Meditierende der Transzendenz überläßt und seine Immanenz erlebt.

Im einen wie im anderen Fall tritt man ins *Selbst* ein. Der Schild falscher Vorstellungen, in denen sich die Kreatur in ihrer Sucht nach einem illusorischen Schutzwall gefällt, bricht zusammen. Man *betritt* eine Dimension, die nur dem Reisenden zugänglich ist, der sein Gepäck zurückgelassen hat.

Beide, Meditation und Gebet, führen zu einer bewußtheitlichen Öffnung, die die spirituellen Kräfte des Seins freisetzt. Es handelt sich um einen sogenannten mystischen Akt, um eine erschütternde Erfahrung also, die unbeschreiblich ist.«

»Ich kann mir schwer vorstellen«, sagte Odile nach einer Weile, »daß der Zwang, mehrmals am Tag zu einer festgesetzten Zeit zu beten, den mystischen Elan wirklich unterstützt. Bin ich indiskret, Frédéric, wenn ich Sie frage, ob die Meditation Ihr Leben verändert hat, und wenn ja, zu welchem Zeitpunkt?«

»Unser Leben geht über Höhen und durch Tiefen. Manchmal führt unser Weg an Abgründen vorbei, in die wir abzustürzen drohen. Die Angst kann selbst den Unerschrockenen lähmen, doch er wird nichts unversucht lassen, sich von ihr freizumachen. In einem dieser entscheidenden Augenblicke ist es mir gelungen, mich mit Leib und Seele der Vorsehung anzuvertrauen und eine lebendige Religiosität zu erfahren, die zum Ausgangspunkt einer wirklichen Wandlung wurde. Das unerschütterliche Vertrauen, das *dem* Glauben verwandt ist, öffnete mir die Tür zu einem bis dahin verkannten Universum. Erst viel später wurde mir bewußt, daß das eigene Erlebnis sich in nichts von den Erfahrungen unterschied, auf welche die Weisen von einst hinzuwirken suchten, indem sie ihre Schüler in bestimmte philosophische Disziplinen initiierten.

*Initiare* bedeutet *beginnen*, und so sollten wir uns zu Bewußtsein bringen, daß es sich um einen Neubeginn handelt, der durch eine andere Sicht der Welt möglich wird.«

»Ich bin davon überzeugt«, stimmte Odile mir zu. »Wenn das Bewußtsein jedes einzelnen sich verändert, verändert sich alles.«

»Sehr richtig, und ich behaupte, daß diese erste mystische Erfahrung die Vorstellung, die ich von mir und allem anderen hatte, von Grund auf veränderte. Ich durchlebte die eben geschilderte Erfahrung während des Zweiten Weltkrieges, aber erst nach dem Krieg wurde mir die Meditation als initiatische Übung offenbar.«

Eona nickte zustimmend.

»Die Meditation als initiatischer Weg ist zweifellos eine geistige Übung. Als solche fördert sie das Erwachen außersinnlicher Wahrnehmungsfähigkeiten. Durch diese verliert die selbstlose, brüderliche und verständnisvolle Handlung den Charakter einer ethischen Forderung und läßt sie als eine unerläßliche Handlung gelten, die kein vernünftiges Wesen von sich weisen kann.«

»Aber dann kommt die Meditation ja einer Autosuggestion gleich?« meinte Francine. »Ich denke an die *transzendentale Meditation*, die von überzeugten Verfechtern gepriesen und verbreitet wird. Ich weiß, daß sie dir alles andere als empfehlenswert, ja sogar gefährlich erscheint. Soviel ich weiß, hat sie ihren Ursprung in Indien und viele Anhänger in aller Welt.«

»Du hast völlig recht«, antwortete ich. »Ich sehe ebenfalls eine Gefahr darin, weil ich überzeugt bin, daß man jeder meditativen Praxis aus dem Weg gehen sollte, die dazu beträgt, die Psyche zu schwächen oder ganz aus dem Gleichgewicht zu bringen.

Der Begriff *transzendental* bezeichnet das unfaßbare Wesen aller Dinge. Die Anhänger, die du erwähnst, rühmen die Einzigartigkeit ihrer Methode und versprechen denen, die sie zu überzeugen trachten, Gesundheit und Erfolg. Wie verlockend dieses Versprechen auch sein mag, das erstrebte Resultat hat nichts *Transzendentales* an sich. Schon diese Tatsache sollte zu denken geben. Ein *Mantra* – sei es ein Wort oder ein Satz, der rhythmisch wiederholt wird – kann auf die Dauer mit einer Selbsthypnose verglichen werden. Es handelt sich dann um eine psychologische Droge, deren vielfältige Wirkungen *nicht* zu einem geistigen Erwachen führen.

Durch ihre rhythmische Wiederholung lösen die Wörter und Sätze Schwingungen aus, welche die Neuronen des Gehirns auf ihre Weise übertragen. Wenn die Wörter und Sätze sich auf Symbole beziehen, die echten Traditionen angehören, berühren diese Schwingungen die Psyche und können wohltuende Wirkungen hervorrufen – vorausgesetzt, die angerufene Tradition stimmt mit der überein, in der sich der Meditierende bewegt. Andernfalls sind ernsthafte psychische Störungen zu befürchten.

Aus diesem Grund kann nur ein Meister sogenannte Machtworte wählen, die geeignet erscheinen, nicht die Selbsthypnose, sondern die Entwicklung des Schülers zu fördern.«

»Ich bin froh, Sie das sagen zu hören«, stimmte mir Eona zu. »Unsere zufällige Begegnung ist vielleicht von der Vorsehung bestimmt gewesen, wenn man dem Begriff *Vorsehung* die Bedeutung einer nicht unvermeidlichen, aber wünschenswerten Beziehung zuweist. Ohne Ihr ›zufälliges‹ Kommen hätte ich mich seinerzeit nicht ermutigt gefühlt, eine Nacht in dem Heiligtum zu verbringen, weil ich die Energien, die es in seinem Innern birgt, stets fürchtete. Ich hatte aber immer wieder den starken Wunsch in mir verspürt, diese Kraftströme einmal zu erfahren.

Die Bewußtwerdung, die ich im Lauf dieser denkwürdigen Nacht durchlebte, war wichtig, denn sie bestärkte einen in meinem Innersten verborgen lebenden Eindruck. Ich meine, daß es sich um eine Wiedererinnerung handelt. Ich fürchte, ich finde kein treffenderes Wort für die Erlebnisse und Gefühle, die mich in jener Nacht ergriffen.

Inzwischen bin ich mir dessen bewußt, daß ich mit meiner Entscheidung für die Archäologie als Studienfach einen Weg einschlug, der für mich von fundamentaler Bedeutung ist. Die alten Steine, die ich ausgrabe, geben mir ihre kostbarsten Geheimnisse preis, und ich bemühe mich, ihre Botschaften einer Menschheit zu übermitteln, die das Bedürfnis verspürt, die eigenen Ursprünge wiederzuentdecken.« Eona merkte plötzlich, daß sie, von ihrer Begeisterung davongetragen, sehr schnell gesprochen hatte. »Entschuldigen Sie!« rief sie verlegen aus.

Ein Lächeln erhellte Odiles Gesicht. »Ich stelle fest, daß ich der *Deus ex machina* auf Frédérics Reise in Irland war, und bin darüber sehr glücklich. Ich war sicher, daß meine irischen Freunde diese Themen, die Frédéric zur Sprache bringt, sehr schätzen würden. Nicht darauf gefaßt war ich hingegen, hier mit euch Eindrücke austauschen zu können, die so wunderbar mit den meinen übereinstimmen.«

Nachdenklich geworden, preßte sie ihre Lippen zusammen. »Können Sie mir erklären, wie man beten sollte?«

»Beginnen wir zunächst damit, das Warum des Gebets zu erläutern«, regte ich an. »Von den vielen Beweggründen ist einer wahrscheinlich der, man könne durch das Gebet das Wohlwollen eines allmächtigen Wesens gewinnen. Der Wunsch, sich geschützt und geborgen zu fühlen, und das Bedürfnis, geleitet zu werden, sind zwei weitere. Aber in unserem von Wissenschaft und Technik geprägten Jahrhundert versteht der Mensch immer besser, daß das Reich Gottes sich im Geheimen der Seele offenbart.

›Alle Wege, woher sie auch kommen, führen zu Dir, mein Gott‹, sagte BUDDHA. Seien wir uns dessen bewußt, daß das Licht in der Finsternis leuchtet, selbst wenn die Finsternis es nicht versteht.«

»Seien wir uns vor allem dessen bewußt«, meinte Eona, »daß sich jenseits des Universums der Sinne eine Dimension offenbart, zu der man über das Gebet gelangt, vor allem, wenn es um nichts bittet. Die Inder haben mich gelehrt, daß die wahre Inbrunst das Gebet in einen spirituellen Akt verwandelt, wenn wir frei von mentalen Bildern und Gedanken sind. Dogmen, Theorien und Auslegungen entstellen die Religion, die alle Menschen miteinander verbinden sollte.«

»Gewiß«, pflichtete ich ihr bei. »Wenn wir endgültig alle Auslegungen vergessen, verwandelt das Gebet den Menschen und verbindet ihn mit dem Unermeßlichen, dem Heiligen. Dann gewinnt das Gebet eine erhabene Würde und flößt eine belebende Kraft ein. Wer betet, mag sich mystisch gerettet fühlen.«

»Man muß Gott allerdings als geistiges Licht empfinden, das sich jeder Gestaltung entzieht«, wandte Eona ein.

»Daraus folgt, daß das wahre Gebet nur aus einigen Worten besteht: *So sei es* oder *Dein Wille geschehe.* Sie spiegeln die wahre Demut einer echten Hingabe wider, die Annahme des Unannehmbaren, die Unterwerfung unter das Gesetz des Lebens.«

»Eine wundervolle Schlußfolgerung«, murmelte Eona bewegt. »Durch die Hingabe an das Selbst wird man wie durch ein Wunder erhöht. Das ist wirklich großartig!«

Die junge Frau war aufgestanden, ging auf und ab und versuchte ihre Ergriffenheit zu bewältigen.

»Würden Sie behaupten, daß es möglich ist, sich voll und ganz zu entwickeln und sein Schicksal anzunehmen, ohne je gebetet zu haben?«

»Es kommt darauf an, im Alltag auf rechte Weise

da-zu-sein. Das Bewußtsein, eine lebende Zelle eines lebenden Ganzen zu sein, entspricht einem Zustand der inneren Bereitschaft. Er gleicht auf geistiger Ebene einer Handlung, die dem Gebet ähnlich ist. Weil man sich *seinem* Gesetz ohnedies unterworfen hat, ist es in diesem Seinszustand überflüssig, sich hinzuknien, um die Hilfe des Herrn zu erflehen.

Dennoch, manchmal scheint uns das Gebet geboten. Wir sind Menschen aus Fleisch und Blut, und unsere Prüfungen sind oft schwer. Wenn wir dann durch Worte und Gebärden unser Vertrauen zum Ausdruck bringen, um unsere Sorgen und Zweifel aufzulösen, dann setzt dieses Gebet ungeahnte Kräfte ein. Sie breiten sich aus und schaffen eine Verbindung mit einer höheren Energie, die den Betenden über sich selbst erhebt und ihn gleichsam erlöst.«

Ich zögerte einen Moment, ehe ich meine Darlegung fortsetzte. »Vor einiger Zeit wandte sich eine junge Frau an mich: ›Von Zweifeln gequält und schrecklich einsam habe ich gebetet!‹ rief sie aus. ›Vergeblich! Die Verzweiflung, einen lieben Menschen verloren zu haben, überwältigte mich immer wieder von neuem. Ich bin zu einem Priester gegangen. Er hat mir von Gott erzählt, aber seine Worte haben mich nicht angerührt. Was soll ich tun, damit ich nicht mehr zweifle, weder an Gott noch an dem Teufel?‹«

»Und was haben Sie geantwortet?« wollte Odile wissen.

»Ich habe geantwortet, daß der Zweifel keine Ruhe läßt. Da es uns an Vertrauen in unser Schicksal fehlt, umhüllen wir uns mit den dunklen Schleiern des Zweifels und der Unsicherheit. Wir haben Angst, denn wir sind Geschöpfe, die von tausenderlei Bedürfnissen abhängig sind. Wir suchen die Sicherheit, indem wir uns in falsche Vorstellungen einsperren, und verstehen nicht, daß die Religion – die einzig wahre, die alle Traditionen preisen – jenseits aller Auslegungen die Menschen mit dem Göttlichen verbindet.

Es ist bedauerlich, daß der Priester es ihr nicht verständlich machen konnte, um so mehr, als das Heilige einem tiefen Bedürfnis der menschlichen Seele entspricht.«

»Ich bin viel gereist, oft quer durch die dritte Welt«, bemerkte Odile, »und ich weiß, daß für die Naturvölker auch heute noch die Sicht des Himmelsgewölbes einen Aspekt der Transzendenz enthüllt, die sich durch seine unendliche Höhe als etwas ›sehr Hohes‹ offenbart.

Der Primitive ist sich dessen bewußt und zweifelt nicht. Für uns angeblich Zivilisierte ist es anders. Im Herzen des Problems der Einsamkeit, der leiderfüllten Prüfung, der Verzweiflung, entsteht eine Schwelle, und wir zaudern, sie zu überschreiten. Wir tun uns schwer, die Prüfung anzunehmen und unseren Schmerz zu vergessen. Wir lassen unsere Probleme immer wieder an uns vorüberziehen. Unser Intellekt ist so beschaffen.«

Eona nickte zustimmend mit dem Kopf und meinte: »Wir leiden entsprechend unserer geistigen Fähigkeit, das Leiden zu *verstehen*. Die Erkenntnis, daß *trösten, ohne getröstet werden zu wollen* der Ausdruck nicht der Theologie, sondern der ewigen Religion des Herzens ist, löst alle Probleme.«

## 10
# Botschaften der Überwindung raumzeitlicher Begrenzung

Am folgenden Tag gingen Eona und ich nach einer Morgenmeditation im Park spazieren. Als wir wieder zum Haus hinaufstiegen, begann die junge Frau unvermittelt zu sprechen. Etwas bewegte sie sehr.

»Frédéric, ich habe das Gefühl, und ich bin sogar sicher, daß ich Sie besuchen mußte, um Ihnen Gedanken mitzuteilen, die mir offenbar eingegeben wurden. Bin ich sehr überheblich, wenn ich behaupte, inspiriert zu sein?«

»Sie sind für Inspirationen empfänglich. Obwohl es leicht ist, sich zu täuschen, wenn man Inspirationen für nichts anderes hält als das schillernde Spiel des beherrschenden Intellekts. Bei Ihnen aber ist das anders.«

»Ich glaube auch, daß es bei mir anders ist, und vermute, daß sich mir der Gedanke, vor meiner Heimreise einen Abstecher nach Genf zu machen, am Strand von Mahabalipuram aufzwang. Das Vollmondfest war im Gange. Stellen Sie sich die Ruinen eines alten Tempels vor, vom Licht des Mondes überstrahlt. Denken Sie sich vor den Ruinen eine bunte Menge und eine Flut verschiedenartiger Produkte, dazu Musikergruppen, feierliche Prozessionen, Schlangenbeschwörer, zerlumpte Kinder, die um Postkarten, Kugelschreibern und Rupien betteln. Weiterhin Schwertschlucker, Fakire, halbnackte Asketen, deren abgemagerte Körper mit grauer Asche bestrichen sind und deren Lächeln durch ihre schwarzgefärbten Zähne grimassenhaft wirkt. Das Bild ist aber nicht vollständig ohne einige unbeweglich stehende Elefanten, ein unaufhörliches, durch Schreie und Ausrufe noch gesteigertes Durcheinander, disharmonische Klänge von Instrumenten. Sie werden verstehen, daß ich das Gewühl schließlich nicht mehr ertrug und in einer nahegelegenen Tempelruine Zuflucht suchte.

Ich fand einen Platz hinter einer umgestürzten Statue, der meinem Wunsch nach Ruhe und Einsamkeit entgegenkam. Nur gedämpft vernahm ich den Lärm des Festes. Ich lehnte mich an die umgestürzte Statue und dachte lange über ihren Kopf nach, der halb im sandigen Erdreich vergraben war. Ich bot alle Kraft auf, mich in Gedanken an den Ort des Heiligtums im fernen Irland zu begeben. Ich hatte Heimweh und sehnte mich nach den Nebeln und dem Geheimnisvollen meines Vaterlandes.

›Was machst du hier?‹ fragte ich mich, als vor meinen geschlossenen Augen plötzlich das Bild, nein die Vision auftauchte, die ich in der Nacht im Heiligtum meiner Insel hatte. Ich träumte nicht! Ein Unsichtbarer sprach zu mir. Ich kannte ihn nicht, aber sicherlich kannte er mich.«

Sie nahm meinen Arm und fuhr in ihrer Erzählung fort:

»Ich trachte nicht danach, das Mysterium dieser Welt zu ergründen, aber eine geistige Gewißheit drängte sich mir auf: Garcia, den ich mir nur nach Ihrer Beschreibung vorstellen kann, beauftragte mich mit einer Botschaft. Bin ich verrückt?«

Ich fühlte, daß sie gespannt und beklommen auf meine Antwort wartete.

»Versuchen Sie nicht, etwas zu erklären, das sich jeder Erklärung entzieht. Erzählen Sie mir von Ihrer Botschaft.«

»Ich wünschte, ich könnte sie in Worte fassen, aber sie verbirgt sich im Innersten meiner Vision. In dieser Vision sah ich mich in einem Tempel zelebrieren. Vielleicht auch vor einem Tempel. Ich ging nach Art einer Priesterin, die ein Ritual vollzieht. Es war mir vertraut. Es ist mir vertraut, ja so vertraut, daß ich es hier und jetzt vollziehen könnte.« Sie sah mich an, um meine Reaktion zu erfühlen, fuhr dann aber fort: »Ich habe die Gewißheit einer Wiedererinnerung, also einer einst gemachten Lebenserfahrung – aber ich möchte noch auf die Stimme oder vielmehr auf das Einverständnis zurückkommen, das sie in mir hervorrief. Ich war, so schien es, der Vermittler zwischen ...« Sie zögerte einen Moment, ehe sie weitersprach: »... zwischen dem, den ich für Garcia hielt, und Ihnen. Ich konnte es kaum erwarten, zu Ihnen zu kommen, um es Ihnen zu sagen, aber ... aber, ich kann mir das Warum dieses Eindrucks nicht erklären.«

»Es mag ja unnötig sein, es zu erklären«, sagte ich

nach einer Weile. »Seitdem Garcia aus meinem Gesichtskreis verschwand, ist er ein bewußtes Glied in der Kette zwischen dem sichtbaren und dem unsichtbaren Universum. Ich stellte mir die Frage, ob es möglich sei, mit ihm in Verbindung zu treten. Sie haben mir die Antwort gebracht.

Auf die eine oder andere Weise erreichen uns Botschaften, die wir einem geheimnisvollen Jenseits zuschreiben. Wir sind der Brennpunkt eines durch unsere Erfahrungen bereicherten Energiewirbels. Wir leben in der Zeit, ohne uns bewußt zu sein, daß sie nur eine Fiktion darstellt, die auf unsere irdische Bedingtheit zurückzuführen ist. Dann und wann können wir aus den raumzeitlichen Begrenzungen ausbrechen und das wahrnehmen, was der scheinbar logischen Verknüpfung einer Tatsachenfolge, die nur in unserem begrenzten intellektuellen Vorstellungsvermögen aufeinanderfolgt, entgeht.

Einstein behauptete, Gestern, Heute und Morgen entsprächen einer Idee, die nur auf einer hartnäckigen Illusion des Menschen beruhe.

Die nicht in Worte gefaßte Botschaft, die Sie mir überbringen, ist wesentlich. Uns leitet eine unmittelbare Intuition oder vielleicht eine Wesenheit, und zwar nicht nur durch unsere Urteilskraft, sondern durch eine geistige Bereitschaft, mit deren Hilfe wir das hören oder erfassen, was unserem Scharfsinn gewöhnlich entgeht. ›Du weißt jetzt Bescheid‹, sagt mir Ihre Botschaft – eine Empfehlung, derer ich bedurfte. Ich danke Ihnen, daß Sie mich daran erinnert haben.«

# 11
# Homosexualität im Spiegel der Rolle der Frau

Von einem leichten Nebel umhüllt, senkte sich die orangefarbene Sonne langsam dem Gipfel der Hügel entgegen, die das gegenüberliegende Ufer säumten. Ein in allen Farben schillernder Lichtstreifen bewegte sich mit der Dünung sanft auf und ab, die die Wasseroberfläche leicht kräuselte. ROY, den ODILE uns soeben vorgestellt hatte, war aufgestanden, um das Naturschauspiel zu bewundern.

Er war ein sympathischer junger Mann von dreißig Jahren, bekleidet mit Jeans und einem T-Shirt, das den Aufdruck *Ambre* trug. Roy bewegte sich betont lässig, um seine übermäßige Nervosität zu verbergen. Manche Gebärden bauschte er aus Trotz übertrieben auf, er wollte ihnen etwas Geziertes geben und seine besonderen Neigungen unterstreichen.

Wir hatten uns noch nicht lang unterhalten, da stellte er die Frage, der er große Bedeutung beimaß, wie ich von Odile erfuhr.

»Wie denken Sie über die Homosexualität? Odile hat mir gegenüber Ihre Vorzüge in der Behandlung heikler Fragen gerühmt. Ich hoffe, Sie und Ihre Gattin sind nicht schockiert, wenn ich Ihnen sage, daß ich so veranlagt bin und daß ich dies vor niemanden verberge.«

»Sie schockieren mich nicht, und da eine offene Frage eine ebenso offene Antwort verlangt, sollten wird das Problem ohne Vorurteile betrachten. Verlegen wir deshalb die Aussprache auf eine philosophische Ebene, um zunächst festzustellen, daß auf dieser Stufe alles, was den Naturgesetzen entgegenläuft, von vornherein vermieden werden sollte.«

Roy wollte protestieren, aber ich winkte mit einer beruhigenden Handbewegung ab.

»Wehren Sie sich nicht, bevor Sie nicht wissen, was folgt. Was ich sagen möchte, ist dies: Es geht darum, die Beziehungen zu bestimmen, die die Homosexualität mit den Naturgesetzen verbinden. Wir wissen zum Beispiel, daß einige Jungen von der Pubertät an jedes sexuelle Verhältnis mit einer Frau instinktiv ablehnen, sehr oft hingegen ihre Mutter glühend verehren.

Es wäre möglich, daß die Mutter das Ewigweibliche atavistisch verkörpert, also die schöpferische Liebe. Oft ist die Homosexualität mit einem hoch entwikkelten Kunstverständnis gepaart – sicherlich ein Zeichen für eine gesteigerte Sensibilität, die jede Verletzung des Mutterbildes unmöglich macht.

Die Homosexuellen könnten, wenn sie die Erklärung annähmen, in sich den weiblichen Aspekt mit dem männlichen vielleicht in Einklang bringen und, ihrer Zeit vorauseilend, das vollkommene Gleichgewicht der zwei Naturen verwirklichen. Seit die

Schlange im Garten Eden der Androgynie Adam-Eva ihre doppelte Natur enthüllte und dadurch ihre Ureinheit entzweite, sind wir berufen, sie wiederherzustellen.«

»Das ist eine ganz neue Sicht des Problems«, murmelte Roy vor sich hin.

»Der Mann und die Frau bedürfen der Zuneigung«, fuhr ich fort. »Die tiefen Freundschaftsbande, ja sogar die Liebe zwischen Personen gleichen Geschlechts, lassen sich erklären; aber die vollkommene Einheit, die die Aufhebung des *Ich* und des *Du* über eine nahezu mystische Verschmelzung auf physischer, psychischer und geistiger Ebene im Augenblick des Orgasmus mit sich bringt, ist zwischen Menschen gleichen Geschlechts schwer denkbar. Wenn Körper und Geist einander gegenseitig durchdringen, offenbart sich die mystische Einheit, die ein Ausdruck der *Liebe* ist.«

»Warum sollte diese Einheit zwischen zwei Männern oder zwei Frauen unmöglich sein?« protestierte Roy.

»Da nur wenige theoretische Argumente hierzu angeführt werden könnten, sollten wir als Erklärung anerkennen, daß der psychosomatische Aufbau des Mannes und der Frau in einem komplementären Verhältnis zueinander stehen.

Wenn wir auf Treu und Glauben behaupten, daß wir jemanden lieben, lieben wir oft die Idee, die wir uns von diesem Jemand machen. Vergessen wir den sexuellen Aspekt – ohne jedoch seine Macht in Abrede zu stellen –, um uns davon zu überzeugen, daß die Einbildungskraft eine ausschlaggebende Rolle spielt.

Wenn die sexuelle Anziehungskraft nachläßt, läßt auch die Einbildungskraft nach, und dann kommt es leicht zu so folgenschweren Worten wie: ›Ich liebe dich nicht mehr!‹ Es wäre richtiger, diese Worte durch den Ausspruch: ›Ich habe dich nie geliebt, denn die Liebe bestand nur in meiner Vorstellung!‹ zu ersetzen.«

»Inwieweit sollten sich diese Überlegungen an die Homosexuellen richten?« wollte Odile wissen.

»An sie und an andere«, antwortete ich, »aber mir scheint, daß die ersteren in höherem Maße als andere ihre Phantasie bemühen müssen. Diese Vorstellungskraft stellt sich der klaren Wahrnehmung entgegen. Man projiziert in seinen Partner Qualitäten, die man in ihm zu finden hofft.

Es versteht sich von selbst, daß ich jeden Gedanken von Verderbtheit oder Laster zurückweise! Ich versuche ganz einfach, die Dinge klar zu sehen, ohne sie anzuerkennen oder zu verurteilen.«

Roy war nicht überzeugt.

«Nein, nein und nochmals nein«, erwiderte er, indem er jedes Wort scharf voneinander abhob. »So einfach ist das nicht. Es handelt sich um einen inneren Drang, gegen den ich vergeblich gekämpft habe. Die Welt ist seltsam verdreht, denn sie ist nichts anderes als eine Kampfstätte für Heuchler, die ihr Gift ausspeien und so tun, als reichten sie den Menschen die helfende Hand. In Wirklichkeit haben sie ihr Urteil über uns schon lange gefällt. Zudem erlebe ich immer wieder, daß sie sich in einem falschen Konformismus geradezu gefallen. Ich will Sie nicht verärgern, aber

Sie können mich nicht verstehen, Sie *können* es nicht...«

Seine Stimme hatte einen schrillen Ton bekommen. Ich gab mir alle Mühe, ihn zu beruhigen.

»Erzählen Sie uns von Ihren Problemen. Wir werden Ihnen unbefangen zuhören.«

Roy war unentschlossen. Er stand auf und ging auf und ab, gestikulierte zuweilen, bevor er sich endgültig dafür entschied, uns zu vertrauen.

»Am Anfang stand eine von Emotionen getragene Entscheidung, die alles veränderte: die Trennung meiner Eltern. Mein Vater entdeckte, daß es im Leben meiner Mutter eine Frau gab. Ich hatte vor meiner Mutter wirklich eine tiefe Ehrfurcht, und das in Scherben gegangene Bild von ihr verfolgte mich lange, um so mehr, als sie ihre homosexuellen Neigungen zu rechtfertigen suchte und uns erklärte, daß sie nicht auf die Freuden, die ihr die Gefährtin bereite, verzichten könne.

Unter dem Einfluß dieses Schocks gab ich mich willig den Liebesspielen einiger Kameraden hin. Ich will nicht leugnen, daß meine Schüchternheit gegenüber den Mädchen meines Alters mich ermutigte, an dem einmal eingeschlagenen Weg festzuhalten. Ich begründete ihn vor mir selbst, indem ich vorgab, daß Frauen, wie meine Mutter, meiner Zuneigung unwürdig seien.

Dann durchlebte ich eine Phase, in der ich gegen alles und nichts revoltierte. Ich sah die Welt durch ein verzerrendes Prisma. Erotik, Machenschaften, Kompromisse, Begierden, Geld, Konflikte und manches mehr stachelten mich dazu an, einen unbändigen Antikonformismus zum Ausdruck zu bringen. Ermutigt durch den Snobismus einer Clique, die *in* sein wollte, trug ich meine Neigung zur Schau.

Diese armen Ignoranten glaubten mir zu helfen, als sie meine Neigungen umschmeichelten, aber damit war mir keineswegs geholfen. Schließlich habe ich verschiedene Drogen ausprobiert, ich habe versucht, das Ruder herumzureißen, indem ich eine Freundin zu verführen suchte. Ich erinnere mich genau an ihren beißenden Spott, als ich ihr meine Unfähigkeit eingestand, sie zu befriedigen. Das ist meine augenblickliche Lage!«

»Wie wäre es, wenn wir das Thema wechselten«, schlug Odile vor. »Reden wir über die Frau und das, was sie im höchsten Sinne des Wortes verkörpert. Sprechen wir über ihre Rolle, ihre Verantwortung, ihre Berufung. Vielleicht entdeckt Roy den einen oder anderen Punkt, der ihm helfen kann, das Bild abzuwandeln, das er sich von ihr gemacht hat.«

»Eine gute Idee«, pflichtete EONA ihr bei. »Um so mehr, als die Situation der Frau sich verändert hat. Ihr Verhalten hat sich gewandelt, ihr Bewußtsein hat sich geweitet. Sei strebt nach Eigenständigkeit und will die Rolle finden, die ihr in einem sich tiefgreifend wandelnden Universum zugedacht ist. Daraus folgt, und ich bin mir dessen sehr bewußt, daß der Mann, der atavistisch auf die Dominierung des sogenannten schwachen Geschlechts eingestimmt ist, sich aus dem Geleise gebracht sieht und zögert, eine andere Haltung einzunehmen. Vielleicht ist er gekränkt, und dieses Gefühl treibt ihn wahrscheinlich unbewußt an, zwischen sich und der Frau einen Graben zu ziehen, der sich früher oder später noch vertieft.

Bei den Frauen entwickelt sich eine spirituelle Sehnsucht, und ihre Suche nach Unabhängigkeit mag dazu führen, daß der Mann mit seinem Imponiergehabe Schiffbruch erleidet. Weil er glaubt, einer *emanzipierten* Frau, die den Wunsch nach beruflicher und geistiger Selbstbestätigung verspürt, mit seiner Männlichkeit nicht mehr imponieren zu können, wendet er sich natürlich Freunden zu, die seine Ideen teilen. Die Mutmaßung, daß diese Tatsache etwas mit dem Problem der Homosexualität zu tun hat, ist keineswegs abwegig.«

»Wir brauchen nicht wieder davon anzufangen«, meinte Roy. »Dennoch möchte ich anmerken, daß ich seit meiner Kindheit ein Gefühl des Widerstandes gegenüber meinen Eltern empfunden habe, die sich oft stritten, bevor sie sich trennten. Ich klage die Gesellschaft an, die eine absurde Welt geschaffen hat. Wenn ich versuche, ihr zu entfliehen, so kann niemand mich dafür verurteilen, und wenn ich mich danach sehne, meinem Leben ein Ende zu setzen, so geht das nur mich etwas an.«

»Das ist ein sehr fragwürdiger Gesichtspunkt«, protestierte Odile. »Jeder von uns hat eine Aufgabe zu erfüllen, und wenn unsere Vorfahren nicht die ihre erfüllt hätten, wären wir nicht das, was wir sind.«

»Ganz meiner Meinung«, stimmte ich ihr bei. »Sie zu erfüllen, ist aber nicht immer leicht.«

Odile, die in ihrem taillebetonenden Kleid sehr vorteilhaft aussah, wandte sich an den in Gedanken versunkenen Roy.

»Sei mir nicht böse«, meinte sie. »Ich versprach dir einen geruhsamen Nachmittag und bin nicht sicher, ob ich Wort gehalten habe.«

»Ich ..., ich ..., ich ...«, stotterte der junge Mann und brach in ein unechtes Lachen aus.

Es wurde Abend, die Möwen kreisten am Himmel. Die Stille der Natur besänftigte die Gemüter.

»Glauben Sie, daß wir in naher Zukunft zum Matriarchat zurückkehren, das heißt zu einer Staatsform, in der die Frau die maßgebliche Rolle spielen würde?« fragte Eona.

»Das ist nicht ausgeschlossen. Aber vergessen Sie nicht, daß es zu jeder Zeit Frauen von Rang gab, die in allen Bereichen des Lebens maßgebend wirkten. Gelehrte Frauen, große Mystikerinnen, Ordensgründerinnen, Regentinnen, Frauen, die die Mächtigen dieser Welt entscheidend beeinflußt haben. Hier und anderswo.

Es gab aber auch berühmte Frauen, die der *Emanzipation* der Frau ablehnend gegenüberstanden und sich dann doch wie Männer schlugen. Sie wissen vielleicht, daß die Königstochter und Königin, Mystikerin und Dichterin Mira Bai den Befehl über die Armee übernahm, da alle männlichen Nachkommen gestorben waren, und sie ihre Vaterland retten wollte. Sie sang ihren Kriegern zur Ermutigung Gedichte vor, und es gelang ihr, den Feind zurückzudrängen.«

»Wir sollten aber auch nicht vergessen, daß die Frau im Alltag die Gefährtin, Freundin, Vertraute oder Mitarbeiterin des Mannes ist«, schaltete sich Francine ein. »Das bedeutet Rücksichtsnahme, aber auch die Fähigkeit, zuhören und Ratschläge erteilen zu können. Die Frau vermag im Haushalt eine harmonische Atmosphäre zu schaffen, und sie übernimmt mit der Erziehung der Kinder eine große Verantwortung. Überdies erlaubt es ihr unser technisiertes Zeitalter, eine berufliche Tätigkeit auszuüben, ohne daß dadurch der Haushalt vernachlässigt würde.«

»Sicherlich«, gestand Roy ein, der nicht als frauenfeindlich gelten wollte. »Meiner Meinung nach sollte man sich davor hüten, das Matriarchat in Konkurrenz oder Rivaliät zum Patriarchat zusehen. Die eine wie die andere Gesellschaftsordnung hat Vor- und Nachteile.«

»Um so mehr«, merkte ich an, »als man die Betätigungsfelder der Männer und der Frauen nicht voneinander trennen sollte. Gleichwohl könnte man geltend machen, daß die Frau Freude an einem Bereich findet, in dem sie ihre psychologischen und intuitiven Fähigkeiten einbringen kann. Ich zweifle nicht daran, daß die Frau im ganzen gesehen dazu berufen ist, die Gemeinschaft um etwas zu bereichern, das ihren besonderen Verdienst ausmacht.

Man könnte ihre Berufung am besten mit den Worten eines Schriftstellers, dessen Name mir entfallen ist, zusammenfassen: ›Mit dem Leben verbunden, mit den Menschen verbunden, die schöpferische Kraft symbolisierend, ist die Frau es sich schuldig, menschliche Beziehungen in die Wege zu leiten, die von dem Bemühen um ein tiefes Verständnis gekennzeichnet sind‹.«

»Ich bin davon überzeugt«, rief Eona aus, »daß sich das Gesicht der Welt veränderte, wenn ein gar nicht so großer Teil der Frauen das Beste von dem, was sie *sind*, zusammenlegte.«

Odile stimmte ihr zu.

»Sie haben sicherlich recht. Ein ›neues Zeitalter‹ ist in vieler Munde. Es verlegt die spirituelle Berufung der Frau nicht auf die Ebene einer oder mehrerer Frauen, sondern auf die Ebene der Weiblichkeit.«

»Das ist einleuchtend«, bemerkte Eona. »Wir sollten aber jede logische Zu- und Einordnung überschreiten, um eine wechselseitige Entsprechung von männlichen und weiblichen Verantwortlichen ins Auge zu fassen, ohne dabei zu vergessen, daß das Ewigweibliche – das Empfängliche, Intuitive und Künstlerische – sich in unterschiedlichem Maß in jedem von uns wiederfinden.«

Roy räusperte sich. »Wenn ich Sie richtig verstehe, müßten sich das Männliche und das Weibliche in uns die Waage halten. Die Homosexualität wäre dann ein Übergangszustand auf dem Weg zu einer vollkommenen Ausgewogenheit beider Kräfte!«

»Das ist möglich«, sagte ich und war mir der Bedeutung bewußt, die Roy meiner Antwort beimaß. »Zunächst muß jede gefühlsbetonte, impulsive und instinktbedingte Erwägung durch einen Frieden des Herzens ersetzt werden. Die rationale Logik, der Sinnesimpuls und die Sehnsucht des Seins müssen ineinander aufgehen. Wenn man den Frieden nicht in sich selbst findet, sei es zwecklos, ihn woanders zu suchen, meinte LA ROCHEFOUCAULT.«

»Wohl gesprochen!« JOHANNES' gewaltige Stimme überraschte uns. »Ich komme ohne Vorankündigung, aber als ich auf dem Weg zum Simplonpaß eben an eurem offenen Tor vorbeifuhr, konnte ich nicht widerstehen, euch kurz zu begrüßen.«

Sein fröhlicher Gesichtsausdruck und seine freundliche Art, auf jeden zuzugehen, trugen dazu bei, daß wir schon bald zu unserem Thema zurückkehren konnten.

»Zum Wohle!« sagte er und hob das Glas Fruchtsaft, das Francine ihm gereicht hatte. »Der Frieden – ein schönes Thema. Es ist utopisch, den Frieden zu wollen, wenn man sich einbildet, die Umstände seinen Wünschen unterwerfen zu können und nicht seine Wünsche der Ordnung der Dinge.

Wir werden vom Ehrgeiz verzehrt, vom Hochmut angestachelt, wir sind Opfer der Angst und keineswegs friedlich. Wie aber will man etwas hervorbringen, das man nicht ist? Nicht erst da, wo die Kanonen donnern, findet sich die Wurzel des Übels. Sie ist in uns, in unseren Konflikten, in unserer Blindheit. Wir erniedrigen das Heilige, wir verletzen unsere eigene Natur, wir beuten blind die Reichtümer der Erde aus, die uns anvertraut worden sind, damit wir sie hegen und pflegen. Als Psychiater verstehe ich etwas davon.«

Mit überzeugender Stimme artikulierte er jedes Wort laut und deutlich. »In der Zeit der Erforschung des Weltraums sollten wir an die Worte der Schöpfungsgeschichte denken, die in die Stille des unergründlichen Abgrunds gesprochen wurden: ›Es werde Licht!‹ Das Licht des Geistes im Sein.«

Wir schwiegen. Zwei Schwäne bewegten sich auf dem ruhigen Wasser majestätisch vorwärts, das in der Ferne hell schimmerte. Hoch am Himmel war ein Flugzeug zu erkennen.

Eona brach das Schweigen. »Wenn die Frau, wie es anscheinend der Fall ist, am Angelpunkt des neuen Zeitalters steht, muß sie, will sie auf den Frieden hinwirken, all jene empfänglich machen, die der Fanatismus irreleitet. Ob als Mutter, Gefährtin, Ratgeberin – unsere Rolle wäre es somit, eine Botschaft der Liebe, der Weisheit und Harmonie, also des Friedens, zu vermitteln. Glauben Sie wirklich, daß wir – von Ausnahmen abgesehen – dazu in der Lage sind?«

Alle Blicke richteten sich auf Johannes. Er ließ sich Zeit, ehe er sich äußerte. »Mehr als der Mann verkörpert die Frau ein Ideal. Bezeichnet man nicht manchmal die Mutter Gottes, der unsere Kathedralen gewidmet sind, als Himmel, in dem die Wahrheit und die Sonne aufgehen?«

»Entmutigen Sie uns nicht!« protestierte Odile scherzhaft. »Es ist uns nicht vergönnt, dieses Ideal zu erreichen, also vergessen wir es besser.«

Roy, der sichtlich interessiert zugehört hatte, schaltete sich ein: »Vergessen wir nicht, daß es Lilith, das sinnliche Weib gibt.«

»Sicherlich«, räumte ich ein. »Lilith stellt das zerstörerische Element gewisser Kräfte dar, die dem, was man gemeinhin das Böse nennt, zugewandt sind. Dieser menschliche Aspekt sollte uns aber nicht hindern zu erkennen, daß die Entfaltung des Empfindungsvermögen und des Schöpferischen sowohl beim Mann wie bei der Frau zur Einheit der zwei Naturen führen könnte, über die wir vorhin sprachen.«

Roy schüttelte zweifelnd den Kopf.

»Leichter gesagt als getan! Als Einzelgänger schreite ich voran, aber ich weiß nicht wohin. Ich habe den Eindruck, daß die Frauen wie die Männer, mit denen ich es zu tun habe, allzu oft hinter ihren Vorurteilen Zuflucht nehmen. Infolgedessen hören sie nur ihren eigenen Lärm.«

»Sehr richtig«, stimmte Johannes ihm zu. »Sie verkennen, daß das Zuhörenkönnen Autorität verleiht. Ich weiß, daß die schlichte Tatsache des Zuhörenlernens zwar nicht alle Probleme löst, aber die brüderliche Hand, die im rechten Augenblick gereicht wird, ist eine unendlich wertvolle Geste. Wenn man zuhören, also *verstehen* kann, ist man eher bereit, anderen spontan die hilfreiche Hand zu reichen. Verständnis und Autorität sind nicht voneinander zu trennen.«

Eona seufzte.

»Ich fühle mich schuldig, allzu oft zu vergessen, daß der Weg menschlicher Vollendung eine große innere Bereitschaft erfordert. Ich bin mir nicht immer dessen bewußt, daß das Dasein einen Sinn gewinnt, wenn brüderliche Beziehungen den heute vorherrschenden *Wettlauf der Ehrgeize* ersetzen.«

Roy hatte diesen Gedankengängen still zugehört und meldete sich nun zu Wort. »Darf ich sagen, was mich bekümmert?«

»Natürlich«, antworteten wir alle wie aus einem Munde.

Die Falten seiner Stirn verrieten die Intensität seiner Überlegungen. Nur langsam und mühsam kamen die Worte aus seinem Munde.

»Welche Schwächen, Neigungen und Lebensgewohnheiten ich auch immer haben mag, wie groß auch die Kluft zwischen meinen Sehnsüchten und meinen besonderen Vorlieben sein mag, ich nehme mich an, so wie ich bin, und ich lege Wert darauf, es Ihnen hier mitzuteilen und es unter Beweis zu stellen.« Er vergrub sein Gesicht in seine Hände. »Unter dem Vorwand, mich zu befreien, sperrt die Welt mich in ein Ghetto ein, ohne zu verstehen, daß ich Liebe suche, Liebe ohne Brüche, die absolute Liebe, und daß ich die Hoffnung verliere, sie auf meine Weise zu finden.«

Über uns funkelten die Sterne. Die Umrisse der Bäume zeichneten sich wie ein Schattenspiel gegen den klaren Himmel ab.

Wir wußten nicht, was wir antworten konnten...

# 12
# Denn Freiheit ist vor allem auch Verantwortung!

Zwei Wochen vergingen – zwei Wochen intensiver Arbeit, um ein Manuskript zu beenden, das ich meinem Verleger so bald wie möglich aushändigen wollte.

»Wie lautet das Thema des deutsch-französischen Seminars, das in der Nähe von Köln stattfindet?« erkundigte sich der »Mystiker«. Er war am Vortag angekommen und beabsichtigte, zwei Tage bei uns zu bleiben. »Ich will Ihnen nicht lange zur Last fallen«, beteuerte er, als wir ihn am Genfer Flughafen abholten. »Aber ich meine, daß unsere Bestrebungen sich koordinieren ließen. In diesem Zusammenhang möchte ich Sie fragen, wie man Ihrer Meinung nach vorgehen sollte, um eine unmittelbare Beteiligung der Zuhörer zu bewirken. Denn oft hören sie einem Vortrag passiv zu und gehen befriedigt nach Hause, setzen aber das, was sie verstanden haben, nicht in Taten um.«

Wir fuhren zu unserem Wohnsitz, deshalb begnügte ich mich mit einem Kopfnicken und behielt mir die Antwort für später vor.

Erst am Nachmittag kam ich auf das Thema zurück. »Wie schon erwähnt, wird das Seminar bei Köln acht Tage dauern«, erklärte ich. »Dabei werden mir die Worte des heiligen PAULUS, daß die Welt der geheimnisvolle Spiegel der reinen Wahrheit sei, als Ausgangspunkt dienen. Ich möchte den Zuhörern vorschlagen, mir durch ihre Fragen einen Zipfel des Schleiers lüften zu helfen, der diesen Spiegel bedeckt, und so ihr Mitwirken erbitten. Ich werde mich bemühen, vom Deutschen ins Französische und vom Französischen ins Deutsche zu wechseln und die Sätze dabei so miteinander zu verknüpfen, daß der Rhythmus der Worte nicht gestört ist. Wie man den Zuhörer dazu bewegt, das Erfahrene und Verstandene im Alltag aktiv umzusetzen, ist eine andere Sache.«

Seine Augen leuchteten, und in seine Überlegungen versunken, glättete der Mystiker seinen Bart.

»Die Welt ist ein Symbol, das entschlüsselt werden muß, aber es ist ein aussichtsloses Unterfangen, alle Rätsel, die sie aufgibt, lösen zu wollen.«

Er durchsuchte seine Aktentasche, die er neben sich auf den Boden gestellt hatte, und nahm ein Heft heraus. Dann setzte er eine Brille auf und begann zu lesen:

»Zur Jahrhundertwende überstürzen sich die Ereignisse auf dem Schauplatz einer Welt, die sich in heller Aufregung befindet. Naturkatastrophen, von uns herausgeforderte Katastrophen, Gewalt und Konfrontationen spiegeln sich in den Schlagzeilen der Zeitungen wider. Die Massenmedien übertragen in aller Ausführlichkeit Sendungen mit erschreckenden Bilanzen, in denen die statistisch erfaßt werden, die dem Hunger, der Demagogie, der Droge und dem blinden Terrorismus zum Opfer fielen. Ich möchte ...«

Er hielt inne. »Wie soll man die Botschaft dieser erschütternden Tatsachen entschlüsseln? Handelt es sich um krankhafte Symptome einer dekadenten Epoche oder um den Erstarrungsabszeß einer Übergangsperiode. Wie sieht die Wahrheit aus, die sie überschreitet?«

»Die Wahrheit tritt nicht offen zutage. Dennoch erahnt man sie hinter dem Schleier der Erscheinungen«, erwiderte ich. »Die Erhabenheit eines Berges, die leuchtende Farbe einer Blume und die verblüffende Anpassungsfähigkeit alles zum Leben Erwachenden, Wachsenden, Absterbenden in dem Garten des Schöpfers bezeugt sie!«

»Die Welt ist sicherlich ein Symbol, das entschlüsselt werden muß«, gab der Mystiker zu. »Ein Schlüssel ist daher erforderlich. Er muß zugänglich sein, sofern man Augen hat zu sehen und Ohren hat zu hören.«

»Gewiß, aber es geht darum, die Wahrheit hinter den Erscheinungen zu sehen und den Irrtum zu erkennen, der sie uns verbirgt. Auch wenn uns die Ereignisse verwirren, die die Welt jeden Augenblick mit Blut besudeln.«

Ich nahm eines der Bücher aus dem Regal, schlug es auf und begann, einige Zeilen laut vorzulesen.

»Die Hierophanten ritzten die rätselhaften Worte des Hermes Trismegistos in eine Smaragdtafel. Moses meißelte zehn Gebote in eine Steintafel. Jesus erweckte durch seine Gleichnisse eine Welt. Buddha vermittelte sie uns mit seiner großen Weisheit. Die Druiden gaben die Erkenntnis mündlich weiter, und die keltischen Dichter und Sänger, die Barden, verbreiteten sie durch ihre Riten, bei denen sie Klinge und Knauf eines entzweiten Schwertes symbolisch einander näherten, um die Einheit der Materie und des Geistes im Menschen anzudeuten.

Diese Einheit gebar das Bewußtsein. Wenn das Schweigen seine wohltätige Macht ausübt, meditiert in ihr das Symbol, denn das Symbol lebt, wenn der Mensch, der es entschlüsselt, lebend ist. Das Symbol vereinigt in sich die Botschaften des offenbarten und nicht offenbarten Lebens, und beide äußern sich in dem Mysterium seiner geheimen Sprache.

Die Entschlüsselung dieser Botschaft, das Verstehen der geheimen Sprache und die Ergründung der Wurzeln, die den menschlichen Werdegang genährt haben, bekunden letztendlich das Lichtnetz, das die Tradition webt.«

Ich schloß das Buch und legte es an seinen Platz zurück.

»Der Schlüssel ist da! Man muß nur verstehen, daß jeder Gegenstand, jedes Wesen zu allen anderen führt, wenn man den Faden ergreift, der die Beziehung herstellt. Dieser Faden führt das Labyrinth der Unwissenheit in die Klarheit der Erkenntnis, folglich aus der Dunkelheit der Verwirrung zum Licht der Wahrheit.«

»Sicherlich«, pflichtete der Mystiker mir bei. »Sie anzuerkennen heißt aber nicht, sie im Alltag anwenden zu können. Ich mag noch so sehr wiederholen, daß die Dynamik des Lebens eint, was getrennt erscheint, daß sie die Konflikte, welche der Dualismus von Gut und Böse hervorruft und die wir jeden Tag erleben, bezwingt. Aber ich werde von denen, die uns umgeben, nicht verstanden. Vor einigen Tagen erhielt ich von einer meiner Zuhörerinnen einen langen Brief. ›Helfen Sie mir‹, schrieb sie, ›denn ich weiß nicht, wie ich mich entscheiden soll. Eine Freundin, die in der Astralwelt zu Hause ist, riet mir, einen bestimmten Weisen in seinem Ashram in Indien aufzusuchen. Ihn sollte ich bitten, das dunkle Karma, das mich überschattet, aufzulösen. Soll ich ihrem Vorschlag folgen?‹«

Mit einer Handbewegung deutete der Mystiker seine Ohnmacht an. »Die Vorstellung, ein Dritter könne dank eines Zauberstabs ihr Schicksal ändern, ist Beweis genug für die Unwissenheit. Nun, über mehrere Jahre habe ich – vergeblich, wie es scheint – die verhängnisvollen Folgen solcher Behauptungen angeprangert. Das ist wirklich traurig!«

»Ich könnte Ihnen ähnliche Beispiele anführen. Nicht jedem ist es gegeben zu wagen, frei zu sein, die Wahl entsprechend seinem gesunden Menschenverstand zu treffen, auf die Stimme seines Gewissens zu horchen und, im eigentlichen Sinn des Wortes, zu *erwachen*. Von diesem und jenem angelockt, zieht man es vor, in einem schläfrigen, also unwissenden Zustand zu bleiben. Die Freiheit lehnt jede Begrenzung ab.

Die Weisheit ist allen Menschen zugänglich, aber

in ihrer Wissensgier schreiben sie ihre Beobachtungen fest, projizieren sie ihre Annahmen in die Welt und drängen die Grenzen des Unbekannten immer weiter zurück, ohne sich damit jedoch dem Grenzenlosen und Ewigen genähert zu haben.«

Da ich gerade einen Punkt ansprach, der mich schon länger beschäftigte, fuhr ich fort:

»Mit allen seinen Fasern dem großen kosmischen Pulsschlag, dem großen universellen Rhythmus verbunden, der einst *Weltseele* genannt wurde und den das pochende Herz, das kreisende Blut und die sich bildenden Gedanken übertragen, sucht der Mensch seit Urgedenken sich zu finden. Er sinnt über die Unermeßlichkeit des Himmelsgewölbes nach, das er sieht. Oben der Himmel, unten die Erde und zwischen Oben und Unten der Mensch, der eine Antwort auf seine Ängste erhofft. Sie spornen ihn an, das Geheimnis seines vorübergehenden und dennoch ewigen Übergangs auf Erden zu lüften.«

Ich unterbrach kurz, setzte meinen Gedankengang aber gleich wieder fort. »Der Mensch geht weiter, um noch weiterzugehen. Die ungeahnten Kräfte, die er freisetzt, erschrecken ihn. Den Gesang der Sphären, Ausdruck der kosmischen Ordnung, die er verletzt, hört er nicht, denn er verstößt gegen seine eigene Natur.«

»Stimmt«, räumte der Mystiker ein. »Denn wer die Botschaft erkennt, die jedes bestehende Ding enthält, versteht, daß die Welt der Spiegel einer unsichtbaren und doch gegenwärtigen Wirklichkeit ist. Die Welt ist daher das zu entschlüsselnde Symbol, ein *Man-*

*dala* – dieses Sanskritwort bezeichnet sowohl einen Punkt als auch einen Kreis. Ich benutzte den Begriff, denn Sie wissen sicherlich, daß das Mandala für die indische Kosmogonie ein Abbild der offenbarten Welt ist. Es ist ein mikrokosmisches Schema, das als Stütze einer Verinnerlichung zur Meisterschaft führt. Es gilt als Grundlage einer künstlerischen Vision, einer philosophischen Unterweisung, eines zeitlosen Weges zur Einheit, der in eine Bewußtwerdung der transzendentalen Harmonie einmündet. Die Blume auf dem Feld, der strahlende Glanz der Sonne, das Murmeln einer Quelle und die Anordnung der Elementarteilchen, die ein Atom bilden, sind nichts anderes als ihr Spiegelbild.«

»Nun ja«, gestand ich ein, »der Mensch beobachtet die Natur, seziert und verletzt sie, begehrt Macht, die das Wissen ihm verleiht, ohne jedoch zu verstehen, daß Wissen und Erkenntnis keineswegs synonyme Begriffe sind. Denn Erkenntnis zieht das Verständnis nach sich. Schon seit Anbeginn der Zeiten war besonderen Menschen sehr viel daran gelegen, den anderen das Feuer der Erkenntnis zu übermitteln. Ihre Offenbarungen bilden ein zusammenhängendes Ganzes, das dem erwachten Menschen das Bild der Ewigkeit skizzenhaft darbietet.«

»Schade, daß die Menschen dem nicht Rechnung tragen«, bedauerte der Mystiker. »Alles Seiende, vom Chlorophyll zum Plasma, vom Samen zum Fruchtknoten, von den Chromosomen zu den Neuronen, vom Beständigen zum Vergänglichen, trägt die Erinnerung des Vorhergehenden in sich und senkt seine

Wurzel tief ins Herz dessen, das war, um sich zu dem zu entfalten, das sein wird.«

Von seiner Überzeugung mitgerissen, fuhr er rasch fort: »Das ist nun einmal die Wahrheit! Sie strahlt, wenn die Sonne im Herzen der unzähligen Dinge aufgeht, die letztlich ein Ganzes bilden. Die Wahrheit ist allgegenwärtig. Man findet sie zwischen Ganges und Indus, im tibetischen Hochland, in den bildhauerischen Herrlichkeiten des Tempels von Angkor, in der überwältigenden Wucht der Pyramiden und in der goldenen Krypta der Grabeskirche in Jerusalem.«

Nach einer Pause fügte er hinzu: »Auf ganz verschiedene Weise wurden unter ganz verschiedenen klimatischen Bedingungen unter ganz verschiedenen Himmeln die gleichen Erkenntnisse formuliert, die zeigen, daß das Schöne und Wahre schillernde Facetten eines harmonischen Ganzen sind. Wenn wir uns diesen Eindrücken öffnen, damit sie unsere Erkenntnis anrühren, wird trotz der Wirrnis einer anscheinend hilflosen Welt der Funke einer authentischen Offenbarung aufblitzen. Die Bilder, die der Alltag auf den Bildschirm unseres Bewußtseins wirft, werden den Sinn unseres Daseins verraten. Der geheimnisvolle Spiegel hätte sein Geheimnis preisgegeben.«

»Sie haben zweifelsohne recht, aber das tägliche Umsetzen in die Praxis stellt eine nicht zu unterschätzende Schwierigkeit dar. Heutzutage muß alles schnell gehen, alles verändert und verwandelt sich. Der Mensch des dritten Jahrtausends kolonisiert den Weltraum, errichtet in ihm Laboratorien und wird dort Fabriken und Städte erbauen und voller Hochmut ausrufen: ›Seht meine Macht, seht meine Entdeckungen, sie krempeln das Universum um und den prometheischen Traum – ich verwirkliche ihn!‹ Doch dieser Ausruf des Triumphs wird seine Angstgefühle vor den unbeantworteten Fragen nicht zerstreuen können: ›Was liegt hinter dem Geheimnis von Leben und Tod? Ist Gott eine Erfindung oder Wirklichkeit? Warum leben wir? Werden wir das Rätsel der Evolution ergründen können?‹ Diese Fragen stellt sich der Mensch immer wieder.«

»Diese Fragen werden erst dann beantwortet sein«, meinte der Mystiker, »wenn der Niederschlag, der die Oberfläche des Spiegels bedeckt, entfernt wurde. Eine Lawine von Theorien trägt dazu bei, die Unsicherheit und Verwirrung zu steigern, zumal es für jede Theorie auch eine ihr widersprechende gibt. Um zur Freiheit zu gelangen, muß man sich ihrer entledigen.«

»Das ist einleuchtend«, pflichtete ich ihm bei, »aber der Mensch fürchtet die Freiheit, obwohl er sie sehnlichst wünscht. Er zögert, unter Ausschöpfung all seiner Fähigkeiten die uneingeschränkte Verantwortung anzunehmen, obgleich er sich mit all seinen Kräften bemüht, sein Schicksal zu meistern. Er glaubt an den Fortschritt, ohne zu wissen, wohin dieser führt. Er möchte seinen Ursprung und die ihm zugemessene Berufung entdecken. Um dem quälenden Zweifel zu entkommen, sucht er Sicherheiten, aber er findet sie nicht.«

»Dieser Mangel an Sicherheit«, unterbrach mich der Mystiker, »beweist die Notwendigkeit eines radikalen Wandels unserer Denkweise. Wenn, so könnte man folgern, das Dasein von der Wiege bis zum Grab festgeschrieben ist, warum sollte man nicht ab sofort alle Begehrlichkeiten befriedigen? Der Egoismus wäre die höchste Weisheit. Wenn hingegen, wie die Mystiker und Eingeweihten behaupten, ein ausgefülltes Leben zu einem glücklichen Tod führt, muß man sich fragen, wie man es gut ausfüllen kann?

Aus diesem Grund muß sich das Denken von den Schleiern der falschen Begriffe, Vorurteile und Meinungen befreien. Denn sie überdecken die klare Sicht auf das, was in jedem Augenblick verstanden werden muß. Um sein Schicksal anzunehmen, um sicheren Schritts voranzuschreiten, muß man nicht nur wissen, wohin man geht, sondern auch sich selbst erkennen. Man muß seine Fähigkeiten und Möglichkeiten zum Handeln klar einschätzen können.

Erst die Selbsterkenntnis ist dazu bestimmt, die Beziehungen freizulegen, die die Zellen mit dem Organ, das Organ mit dem Organismus und den Organismus mit dem ganzen Universum einen. Analog offenbart sich das innere Band, das jeden Gegenstand mit allen anderen verbindet.«

Der Mystiker lächelte, als er zum Schluß kam: »Ich glaube, ich brauche mich nicht nach Ihrer Meinung zu erkundigen. Ich kenne sie bereits, aber ich glaube, daß unsere Unterhaltung von Nutzen ist. Der Austausch von Gedanken ermöglicht und vertieft die Reflexion. Ein Spiegel reflektiert ein Bild, das nicht als Wirklichkeit aufgefaßt werden darf. Die Welt bietet uns ein weites Übungsfeld, das auf uns zugeschnitten ist. Die unendliche Vielfalt der physischen, biologischen, chemischen, politischen, spirituellen und geistigen Verbindungen steht uns zur Verfügung, damit wir die kaleidoskopischen Aspekte erforschen, die die unsichtbare Wirklichkeit hinter der Welt der äußeren Erscheinungen annimmt.

Ein nie versiegendes Feuer brennt im Schmelztiegel des Universums. In diesem Schmelztiegel gibt sich die allumfassende Vernunft als ein Gesetz zu erkennen, dem alle Kräfte des Kosmos unterworfen sind.

Im Einklang mit diesen Kräften zu handeln, ist ein Gebot von entscheidender Bedeutung. Oft frage ich junge Menschen, was sie täten, wenn sie in ihrer Entscheidung vollkommen frei wären. In neun von zehn Fällen antworten sie mir, daß sie es nicht wüßten. Wie enttäuschend! Dieses Nichtwissen kommt einem Herumirren auf den Wegen des Daseins gleich. Und dann verstehen wir, daß die eine oder andere *Betäubung*, die wir suchen, nichts anderes ist als der mißglückte Versuch, sich selbst zu finden. Unsere hochtechnisierte Zivilisation hat das Wunderbare zugeschüttet. Die Landung auf dem Mond wird zur technologischen Heldentat und nicht zu einem außerordentlichen Abenteuer. Der Computer befiehlt, der Astronaut gehorcht!«

Ich nickte zustimmend, und der Mystiker sprach weiter.

»Der Mensch ist das einzige Wesen auf Erden, das sich dessen bewußt ist, bewußt zu sein. Wir sind aufgefordert, unsere schöpferischen Kräfte mit den im Universum wirkenden zu vereinen, aber es reicht nicht, bei der Bekundung unserer Absicht stehenzubleiben.

All unsere Reaktionen, Initiativen und Verweigerungen sind durch unser Denken bestimmt. Richtig zu denken führt zur Gesundheit oder trägt dazu bei, sie zu bewahren. Damit der Mensch *richtig* denke, ist große Wachsamkeit geboten, denn sie erlaubt die Entschlüsselung der für uns bestimmten Botschaften. Weil uns dies nicht gelingt, errichten wir eine unmenschliche Welt, die jeder Einsicht beraubt ist – und werden zu Gefangenen unserer falschen Vorstellungen und Zwänge. Wir erfinden sie, um die Leere zu überdecken, die eine ständige Unruhe nicht auszufüllen vermag.

Angst und Zweifel hallen in unserer Psyche wider und verursachen Neurosen, deren sichtbarste Symptome Gewalt, Haß und Fanatismus sind.

Ich weiß es, ich sage es, ich schreibe es. Es im rechten Augenblick in tägliche Handlungen zu übersetzen, durch ein Lächeln oder eine Geste der Sympathie, scheint allzu oft ein frommer Wunsch. Vernünftig auf Bitten einzugehen, die jenseits des Intellekts an das *Verständnis* appellieren, scheint allzuoft selbst den wohlgesinntesten Menschen unmöglich zu sein.«

Der Mystiker schwieg eine Weile, schüttelte den Kopf und fuhr fort.

»Was Sie, ich und manche andere unternehmen, um jenen, die gewillt sind, uns zu hören, die Notwendigkeit einer Bewußtwerdung vor Augen zu führen, muß sich schließlich in einem brüderlichen und nicht in einem reaktiven Verhalten äußern. Das ist das beste Mittel, die uns vorhergesagten Katastrophen zu verhindern.«

Der Mystikr sah mir in die Augen: »Wennunsere Reise auf Erden einen Sinn hat, so muß man die Ursprünge und Ursachen der fortwährenden Konfrontationen entdecken, die periodisch in Kriege ausarten. Der Fortschrittsgeist, auf den sich die wissenschaftliche Forschung gründet, kann zur Quelle der Inspiration werden.

Allerdings sollte jede Handlung den Geboten einer ewigen Weisheit unterstellt werden, denn diese Weisheit spiegelt die Erfahrungen wider, die die Menschheit im Lauf ihrer langen Entwicklung gesammelt hat.«

»Das ist offensichtlich«, bestätigte ich, »denn die Weisheit spiegelt eine ewige Wahrheit wider. Zu allen Zeiten versuchten die Menschen, sie zu erkunden. Sie übermittelten ihre *Erkenntnisse* auf Tontafeln, Steintafeln und Papyrusrollen, um zu helfen, diese Weisheit zu erreichen. Um die Manuskripte, Tontafeln und Papyrusrollen zu bewahren, verbargen unsere Vorfahren sie in Grüften und geheimen Räumen, in Tempeln und Katakomben mit dem einzigen Ziel, die geistige Entwicklung derer zu fördern, die sie finden würden.

Auch in unseren Tagen werden Errungenschaften unserer technischen Zivilisation eingemauert, damit unsere fernen Nachkommen die erworbenen besonderen Merkmale unseres Jahrhunderts eines Tages betrachten können.

Bevor es soweit ist, geht unsere Reise weiter. Eine Reise, die dem Wanderer Mensch die Möglichkeit gibt, sein Bewußtsein zu weiten, um zu einer *Kunst des Lebens* zu gelangen, die seiner wahren Bestimmung entspricht.«

»Amen«, schloß der Mystiker halb ironisch, halb ernst. »So sei es!«

# 13
# Auf dem Weg vom Wissen zur Weisheit

Auf meine Bitte verlängerte der Mystiker seinen Aufenthalt in unserem Haus. »Unser Gedankenaustausch könnte vielleicht den Inhalt einiger Kapitel des Buchs ausmachen, an dem Sie gerade arbeiten«, meinte er.

»Wir sind Zeugen allgemeiner Veränderungen und sind nicht allein, sondern, im Gegenteil, mit allem Lebenden innerlich verbunden. Eigentlich ist das Dasein ein Abenteuer. Daher muß man sich wappnen, es entsprechend einem Verständnis zu erleben, das aus den tiefsten Quellen geistigen Offenseins schöpft. Unsere Entwicklung zwingt uns, alle unsere Bemühungen zu vereinen«, begann ich.

»Glauben Sie nicht, daß Sie am Ende der Anmaßung beschuldigt werden, wenn Sie nur die wesentlichen Aspekte unserer Gespräche wiedergeben, die ja oft vom Hundertsten ins Tausendste gehen?« fragte der Mystiker.

»Das ist gut möglich. Vor kurzem warf mir ein Journalist vor, ich fände Gefallen an voluntaristischen Behauptungen. Ich glaube, seine Kritik zielte darauf ab, mir nachzuweisen, daß ich manche Ansichten äußere, die sich nicht vom logisch-rationalen Intellekt bestätigen lassen. In gewisser Weise hat er gar nicht unrecht, denn was ich sage, ähnelt oft einem Axiom, das in seiner Offensichtlichkeit keines Beweises bedarf. Auch steht es jedem frei zurückzuweisen, was er nicht annehmen zu können meint. Wir sind eingesperrt in unsere psychologischen Schranken, und offenbar fehlt uns der Mut, die Grenzen eines vertrauten Rahmens zu überschreiten. Unsere Eingebungen formen in der geheimen Kammer unserer Seele ein Bild – vorausgesetzt, sie entsprechen einer tiefen Bewußtseinsschicht. Dieses Bild vermag sich in eine Botschaft zu verwandeln, die keiner Bestätigung bedarf.«

»Die Vernunft trägt am Ende den Sieg davon« , meinte der Mystiker, »denn selbst die niedrigsten Leidenschaften der Menschen können sie nicht ausmerzen. Und so will ich gerne zugestehen, daß man in vollkommenem Einklang mit dem Plan der Evolution wirken kann.«

»Man muß sich den Tatsachen beugen und anerkennen, daß *jetzt* der Augenblick da ist, sein mentales Universum für die Wirkkraft subtiler Energien durchlässig zu machen«, fügte ich hinzu. »Eine besondere Feinfühligkeit führt zu einer ganz anderen Sicht der Probleme, die uns beschäftigen, und die Zustimmung der Vernunft zeigt die Mittel und Wege, diese Probleme zu lösen.

Es ist nicht unwichtig, noch einmal zu betonen, daß die Wirrnis, in die sich die Welt verstrickt hat, eine Botschaft enthält, die der Frau vielleicht eher als dem Mann zugedacht ist.

Diese Botschaft ist heutzutage nicht der geistigen Entwicklungsstufe einer oder mehrerer Frauen zuzumessen, sondern der Ebene des Schöpferprinzips. Denn es setzt eine formverleihende intuitive Feinfühligkeit voraus, über die die Frau verfügen kann. Zudem muß man, wie ich es in Irland versucht habe, sein Wahrnehmungsvermögen entwickeln.«

Der Mystiker stimmte dem ganz und gar zu. »Wenn GOETHE sagt, daß das Ewigweibliche den Menschen zu den erhabensten Höhen seiner Geistigkeit erhebe, will er damit andeuten, daß die schöpferische Einbildungskraft ihr Fundament ist und einen tiefen und bewußten Glauben an das Leben enthüllt – einen Glauben, der Berge versetzt.«

»Niemand zweifelt daran oder, vielmehr, sollte daran zweifeln«, sagte ich. »Keine Zivilisation kann die schöpferische Einbildungskraft entbehren. Als Ausdruck der überweltlichen Harmonie, also der Liebe in ihrer empfindsamsten Offenbarung ist sie die Grundlage des Fortschritts. ›Die Liebe eint, was der Haß trennt.‹ Dieser Ausspruch des griechischen Philosophen HERAKLIT hat nichts an Aktualität verloren. Das neue Zeitalter, das wir in jedem Augenblick vorbereiten, hätte erst dann seine wahre Berechtigung, wenn wir dies erkennen.«

Der Mystiker rückte seine Brille zurecht und sah mich aufmerksam und herzlich an.

»Unsere Gedanken zeigen eine erstaunliche Übereinstimmung. CARL GUSTAV JUNG nannte diese Übereinstimmung *Synchronizität*. Sie steht mit der Ordnung der Dinge in engem Zusammenhang – jenseits der Zeit. Ja, es besteht eine offensichtliche Synchronizität zwischen dem, was Sie schreiben, und dem, was ich denke, weil es dem Rhythmus der Zeit entspricht.« Er lächelte. »Vor gar nicht langer Zeit stellte mir ein Student eine knifflige Frage: ›Seit ewigen Zeiten‹, meinte er, ›haben die Weisen die Lehren einer uralten Weisheit übermittelt, ohne die Möglichkeit, gehört zu werden. Die Welt von heute liefert den Beweis. Überall macht sich Willkür breit und setzt sich in allen Bereichen des Lebens durch. Wollen Sie behaupten, das ändern zu können? Welchen Sinn hat es, in der Wüste zu predigen, wenn die Menschen und Völker sich einem Verstehen versagen und fortfahren, sich selbst zu zerstören!‹«

»Was haben Sie geantwortet?«

»Daß die Weigerung, zu verstehen, unterschiedliche Ursachen hat. Daß man vorgibt, viel zu wissen, und sich weigert, dieses angebliche Wissen der Weisheit zu unterstellen. Ich habe versucht, ihm verständlich zu machen, daß jede Anmaßung eine geistige Aufgeschlossenheit ausschließt. Eine solche Aufgeschlossenheit stützt sich nicht auf Gewohnheiten, Meinungen und Begriffe einer mentalen Ebene, denen jeder Mensch von der frühesten Kindheit an unterliegt. Denn diese Beeinflussung, sei sie familiärer, religiöser, politischer oder sozialer Art, türmt Hindernisse, hinter denen man sich verschanzt. Erst wenn wir beginnen, uns dessen bewußt zu werden, können wir anderen dieses Verständnis vermitteln.«

»Ist es Ihnen gelungen, ihn zu überzeugen?«

»Aber nein! Es ist nicht leicht, seinen Meinungen zu entsagen und den Mut zu haben, *frei* zu denken. Aus Angst, sich zu irren, sucht man Zuflucht zu einem ideologischen Rahmen, der die Illusion einer Sicherheit gewährleistet. Da man sicher sein will, keiner Täuschung verfallen zu sein, verteidigt man seine Ideen verbissen gegen diejenigen, die ihre Richtigkeit bestreiten.«

Francine rief uns, und wir gingen zu Tisch.

»Erzählen Sie mir von sich und Ihrer Arbeit«, schlug ich dem Mystiker nach dem Essen vor.

»Gern. Ich werde mich bemühen, mein Tätigkeitsfeld mit wenigen Worten zu umreißen. Ich bin viel und auf abenteuerliche Weise herumgereist, war in Indien und ziemlich lange auch in Südamerika. Ein Curandero, der ein Heilkundiger und in gewisser Weise ein Eingeweihter in einer Person war, hat mich in die ›Zauberkräfte‹ der halluzinogenen Pflanzen eingeweiht. In Japan habe ich mich für längere Zeit in ein Zen-Zentrum zurückgezogen und meditiert. Kurzum, ich habe meine Berufung entdeckt, nicht nur die, schriftstellerisch tätig zu werden, sondern auch die, den Zugang zu einem Weg freizulegen, den jeder zurücklegen muß.«

Er nahm einen Schluck Kaffee.

»Nicht ohne Grund prangern die Weisen aller Zeiten und aller Traditionen die festgelegten Meinungen an, die der vollen Entfaltung des Menschen entgegenstehen. Oft will man diese Weisen nicht anhören und weicht ihren Ratschlägen aus. Aber wenn man behauptet, sie predigten in der Wüste, rückt man von der Wahrheit ab. Selbst wenn ihre Worte nur eine relativ kleine Anzahl Menschen anrühren, entwickeln sich diese doch und machen in den verschiedensten Bereichen Fortschritte, die nicht unerheblich sind.«

Er zögerte.

»Ich denke an LAOTSE, KONFUZIUS, BUDDHA, an ZOROASTER und PYTHAGORAS. Sie waren Initiatoren und haben den Aufbruch einer Zivilisation vorbereitet, die die Offenbarung JESU CHRISTI möglich machte. Wenn die Evangelien im Mittelmeerraum so schnell angenommen wurden, so deshalb, weil dieser Annahme eine spirituelle Vorbereitung vorausging. Sie hat ihre Ursprünge im Orient und Griechenland und läßt sich nicht bestreiten.

Der Glaube an eine heilsame Wende ist unerläßlich. Wir lieben einander nicht, das ist wohl wahr. Aber das Zwiegespräch des Menschen mit sich selbst ist eingeleitet, und unser Jahrhundert ist trotz des vielleicht entgegengesetzten Anscheins tief religiös.

Die meisten Menschen haben den Gott noch nicht gefunden, den sie innigst anbeten könnten und den keine Form umgrenzen kann, der aber als reines Licht empfunden wird, ohne das kein Seiendes bestehen kann.«

»Nur wenigen ist es vergönnt, diesen existentiellen Durchbruch zu erfahren. Allgemein wünschen wir uns einen Gott in einer vertrauten Gestalt vorzustellen, um uns davon zu überzeugen, daß er uns erhören wird. Daher bemühe ich mich in meinen Schriften zu verdeutlichen, daß es zwischen Himmel und Erde so vieles gibt, das man verstehen lernen sollte, um die Idee eines anthropomorphen Gottes fallen zu lassen, um das Heilige und Unberührbare zu entdecken, aus dessen Stoff die menschliche Seele gewebt ist. Zu allen Zeiten zeigten und zeigen die Weisen den Weg, der aus der Finsternis des Zweifels und der Wirrnis zu den Gipfeln des Glaubens führt. Ich versuche den Pfad freizulegen, der im Zickzack verlaufend zum Ziel führt.«

Francine setzte sich zu uns.

»Ich habe Ihnen von weitem zugehört und wüßte gerne, was Sie einem Menschen antworten würden, der sich einmal an meinen Mann wandte und ihn fragte, ob er einen scheinbaren Widerspruch erklären könne. Eine Wahrheitssuche, so meinte er, setze eine endgültige Wahrheit voraus, während Frédéric der Ansicht ist, daß die einzige uns zugängliche Wahrheit die Wahrheit des Augenblicks sei. Das heißt, daß sie sich ihrem Wesen nach ständig wandelt. ›Wie aber kann man sie finden?‹ war seine Frage.«

Der Mystiker ließ sich Zeit mit seiner Antwort. »Eine ständige Anpassung an die Erfordernisse des Augenblicks, an den sich stetig ändernden Rhythmus des Lebens, der alles Seiende beseelt, ist geboten – das ist offensichtlich! Daher fordert die Wahrheit des Augenblicks eine Wahl, die frei ist. Eine Wahl, die von jeder Bezugnahme auf eine Theorie, Ideologie oder ein Dogma, das vorgibt, unwandelbar zu sein, unabhängig ist. Diese Behauptung spiegelt eine höhere Wahrheit wider, die sich ihrerseits nicht ändert. Diese Wahrheit überschreitet unser irdisches Verständnis.

Es ist nicht immer leicht, den feinen Unterschied zu begreifen.«

»Weiß du«, sagte ich zu meiner Frau gewandt, »daß meine Behauptungen sich oft auf die Botschaften stützen, die die Symbole übermitteln? Sie stellen in ihrer rätselhaften Umhüllung ewig gültige Gedanken dar. Sich in seinen Handlungen auf diese wesentlichen Gedanken zu verlassen, ist sicher wünschenswert, weil das Gegenteil nur schmerzliche Folgen nach sich ziehen kann.«

Der Mystiker knüpfte unmittelbar daran an. »Die Weisheit verpflichtet uns, diese Gedanken auf der Ebene unserer Handlungsmöglichkeiten, also unserer Mittel, umzusetzen – aber Vorsicht! Es handelt sich, wie Frédéric es bereits betonte, um *wesentliche* Gedanken und nicht um Gedanken, die im Format irdischer Dinge gefaßt sind. Diese ewig gültigen Ideen nicht widerstrebend, sondern durch jede einzelne unserer Handlungen zu bekunden, ist der Grund des sogenannten initiatischen Weges, der zu einer inneren Reife führt.«

»Ist es möglich«, fragte Francine, »daß ein Mensch von Fleisch und Blut hier auf Erden einen Zustand der völligen Friedfertigkeit erlangt, also eine wirkliche Loslösung von allen Behinderungen, wenn er weiterhin im grauen Alltagstrott eintönigen und langweiligen Tätigkeiten nachgeht?«

Der Mystiker strich über sein schneeweißes Haar. »Nichts ist normaler, als sich von diesem oder jenem Überdruß oder von diesem oder jenem Zwang gefangennehmen zu lassen. Wichtig ist, daß man nicht die Augen verschließt und Rechtfertigungen anführt, die nur dazu dienen, das Gewissen zu beschwichtigen. Wachsamkeit ist als Grundlage der Ausgeglichenheit unerläßlich. Man mag sie für Momente verlieren, kann sie aber sehr schnell wiedergewinnen, wenn man den Zwang des Alltags als eine Erfahrung annimmt, die für die eigene Verwirklichung notwendig ist.«

Francine seufzte und machte ein komisch reumütiges Gesicht. »Ich gestehe, daß ich an meinen Erinnerungen, Überlegungen und Vorurteilen hänge, obwohl ich genau weiß, daß ich sie aufgeben muß, um zum Verständnis zu gelangen.«

Der Mystiker beruhigte sie: »Wenn man es eingesteht, hat man den ersten Schritt getan, sie zu überwinden. Man muß die Dinge geschehen lassen können. Langsam, aber sicher verändert man sich, und mit dieser Veränderung ändert sich alles. Wir tragen eine Maske, die Gleichgültigkeit lauert uns auf und hindert uns an einer heilsamen Wende. Man stemmt sich der Welt entgegen, und die Ausgeglichenheit läßt auf sich warten.

Wachsam kann man sich der Maske entledigen und dann im kaleidoskopischen Wandel des Daseins einen verständnisvollen Blick auf alles Bestehende werfen. Einen gelösten, aber keineswegs gleichgültigen Blick. Ohne zu reagieren, ohne zuzustimmen oder zu verurteilen, nimmt man wahr, was die Welt jeden Augenblick gibt. Man ist mit den Füßen auf der Erde, weist die Schwierigkeiten nicht zurück, sondern nimmt sie mit allen zur Verfügung stehenden

Mitteln in Angriff, also unter optimalen Bedingungen. Man wirkt an den Geschehnissen des Alltags mit, aber aus einer neuen Sicht. Sie gewinnen plötzlich an Schönheit, weil sie einen Sinn bekommen.«

»Und um es zu beweisen«, meinte ich, »sollten wir einen Spaziergang durch den Park machen. Hat Pythagoras nicht gelehrt, daß man lernen muß zu schweigen?«

# 14
# Es gilt, die Zukunft vorzubereiten!

In der Stille des Zimmers, das der Meditation vorbehalten war, vergaß ich Zeit und Welt. An die Holztafel im hintersten Teil des Raumes hatte ich zwei Schwäne gemalt. Der eine hob sich nur mit Mühe aus dem Wasser, indem er heftig mit den Flügeln schlug, während der andere schwebte und die Höhe zu halten versuchte.

»Es ist beileibe nicht leicht, sich zu erheben«, dachte ich, »und wieviel schwerer, nicht hinunterzufallen.«

Die Stille übte bald ihre Wirkung auf mich aus, und ich fühlte mich in eine andere Dimension geführt. Ein diffuses Licht erhellte den Raum, in dem ich mich bewegte, ohne daß ich mich von meinem Sitz gerührt hätte. In einer gedämpften Atmosphäre schwammen Formen, die sich ausdehnten und auflösten, um wieder zu entschwinden.

»Sich in den strahlenen Äther erheben zu können, um unter den Unsterblichen selbst ein Gott zu sein«, lautet ein goldener Vers des PYTHAGORAS, der mir in den Sinn kam. Und ich bemühte mich, die fließende

Spannkraft seiner Aussage zu bewahren, um das wahrzunehmen, was der Vers an Verborgenem enthält.

»Meditiere, um zu erkennen, meditiere, um in deinem Herzen den Frieden zu verwirklichen, meditiere, um das Universum der Sinne zu überschreiten«, sagte ich mir, obwohl mir bewußt war, daß der Versuch, dieses Ergebnis anzustreben, mißlingen mußte.

Dank der Stille hörten die Gedanken auf, in meinem Kopf herumzuschwirren. Eine tiefe Ruhe erfaßte mich. Ich fühlte einen beschwichtigenden Rhythmus und überließ mich ihm. Ich war meinem Dasein entrückt und mit höheren Vernunftebenen verbunden, die genauer »bezeichnen« zu wollen wohl zwecklos ist.

Als ich sehr viel später darüber nachdachte, wurde ich mir bewußt, daß unsere verborgenen Kräfte »göttlich« oder »dämonisch« genannt werden können, je nachdem ob sie sich in einem wohltuenden oder unheilvollen Sinn auswirken. Jeder ist frei, sich für den einen oder anderen Weg zu entscheiden, Herrschaft und Macht oder innere Bereitschaft und Erkenntnis anzustreben. Doch lenkt jeder nicht nur sein eigenes Schicksal, sondern auch das Schicksal der anderen, denn alles ist mit allem verbunden. Geburt und Tod sind kollektive Erscheinungen, da man sich mit der Geburt einem lebendigen Ganzen eingliedert und es mit dem Tod physisch verläßt.

Das Gefühl, geleitet zu sein, ist beruhigend, hängt aber von unserer Fähigkeit ab, die intuitiven und inspirierten Hinweise wahrzunehmen, die manchmal auf völlig unerwartete Weise vermittelt werden. Man muß nicht nur die Botschaft vernehmen, sondern darf sich vor allem keinen Illusionen hingeben. Wir reduzieren sie auf ein Nichts, wenn wir falsche Hoffnungen hegen oder es dem Zweifel überlassen, unsere Wahrnehmungsfähigkeiten zu verschleiern. Hochmut, Eitelkeit, mangelnde Klarheit, der Wunsch, sich privilegiert zu fühlen, oder das Bedürfnis, sich durch Anspielungen auf wirkliche oder vermeintliche Verbindungen hervorzutun, verblenden den Menschen. Von trügerischen Vorstellungen betäubt, *schläft* man *ein*, statt zu erwachen. Das Erwachen ist ein ständiges Fortschreiten – und wer meint, er sei angekommen, der ist in Wirklichkeit noch gar nicht aufgebrochen!

An diesem Punkt meiner Überlegungen stellte ich mir die Fragen, die ich kurz zuvor aufgeworfen hatte und auf die ich keine Antwort zu finden glaubte.

Welches ist das Geheimnis des Lebensrhythmus?

Wie wurden Menschen und Dinge erschaffen?

Welches ist das ursprüngliche Partikel, das Elementarteilchen, der Grundbaustein alles Bestehenden?

Als ich mir diese Fragen vorlegte, begriff ich, warum die Menschen, eben weil sie keine triftigen Antworten finden, durch die Kraft der Dinge von Glaubenslehren angezogen werden. Sie nehmen sie an, ohne sich die Mühe zu machen, sie in aller geistigen Freiheit zu überprüfen.

Die Anziehungskraft der Illusion auf einen guten Teil der Menschen ist groß. Sie verfolgen ihren Weg, suchen aber vor allem glänzende Erfolge oder die Befriedigung ihrer Wünsche. Einen Nutzen aus etwas zu ziehen, und sei es ein spiritueller, ist voller Risiken. Man ist geneigt, sich von trügerischen Versprechungen beeinflussen zu lassen. Die unvermeidliche Enttäuschung, die früher oder später eintritt, ist um so größer, je größer die Hoffnung war, das erstrebte Ziel zu erreichen.

Mir fiel das Bild eines Weisen ein, der sich aus der Welt als Einsiedler in eine einsame Höhle zurückgezogen hatte.

»Tritt näher, Fremder«, hörte ich ihn mich einladen, so lebendig war meine Einbildungskraft. »Tritt näher, und stelle deine Fragen! Ich weiß, daß du viel studiert und viel gelesen hast. Deine eigenen Erfahrungen werden besser als meine Worte in dir aufsteigen. Sie werden dir alles enthüllen, was du vergessen hast, die ganze Frucht deiner Erfahrungen. Deine Erfahrungen werden deine Gedanken leiten. Ich werde der Spiegel sein, der sie widerspiegelt. Sei ruhig und schweigsam, um die Stimme zu hören, die keinen Klang hat. Verschließe dein physisches Ohr, damit kein mißtönender Lärm dich ablenkt. Setze dich!«

Ich folgte seinem Rat und stellte mir vor, daß ich den Einsiedler ansah, während ich gleichzeitig meine Wahrnehmungsfähigkeiten anspannte. Meine Vorstellungskraft war so stark, daß die Einbildung Form annahm: Der Einsiedler war weiß gekleidet und hatte ein faltiges Gesicht, das mir vertraut erschien. Seine Haare und sein Bart waren silbern, und seine Haltung entsprach den Vorstellungen, die ich mit innerer Ausgeglichenheit verband.

»Weiser Einsiedler«, wandte ich mich an ihn, »könnten Sie mir erläutern, was die Illusion ist? Handelt es sich um einen intellektuellen Vorgang? Handelt es sich um ein Überfließen der Phantasie oder um einen Anker, an den man sich klammert, um sich zu beruhigen? Ist sie die Folge einer falschen Ideenassoziation oder einer mentalen Unfähigkeit, der man nur schwerlich beikommen kann, oder kann man sie in einer supramentalen Bewußtwerdung umwandeln?«

Folgendes antwortete der Einsiedler, oder vielmehr antwortete ich in meiner Vorstellung: »Die Illusion hat mehrere Gesichter. Die Orientalen nannten das Universum *Maja*, die große Illusion. Es ist eine Tatsache, daß die Welt, so wie unsere Sinne sie erfassen, nur im Verhältnis zu uns besteht. Über eine Ameisenantenne wahrgenommen, würde sie uns ganz anders erscheinen. Wenn unsere Augen die Röntgenstrahlen auffangen könnten, wären wir imstande, das Skelett unseres Nachbarn zu bewundern. Sei also bescheiden und studiere die Illusion nur aus dem dir eigenen Blickwinkel. Alles, was man zu wissen glaubt, ist letztlich illusorisch, aber für uns dennoch real.

Um dem Zweifel oder der Angst zu entfliehen, wendet man sich an Menschen, die behaupten, selbst die vorgeburtliche Vergangenheit zu sehen, um so über die Zukunft Aufschluß geben zu können. Die Verantwortung dieser Menschen ist groß. Sie beeinflussen und hindern die Freiheit der Wahl, denn sie zwingen anderen ihre Meinung auf.

Es ist eine Tatsache, daß wir an unseren Glaubensauffassungen hängen, also an dem, was wir zu kennen behaupten, denn unser Gehirn saugt wie ein Schwamm unvollkommen überprüfte Teilinformationen auf. Je besser sie unseren Wünschen und Meinungen entsprechen, die sich aus einer familiären, sozialen, politischen oder religiösen Prägung herleiten lassen, desto größeren Glauben schenken wir ihnen. Um das Problem der Illusion auszuleuchten, genügt es nicht, seine zahllosen Aspekte ins Auge zu fassen. Der Ursprung des Phänomens offenbart sich in der Psyche des Menschen, der, wie schon gesagt, einer meist unklaren Angst zu entfliehen sucht, einer Enttäuschung oder einer Unzufriedenheit, kurz Gefühlen, die ebenso vielschichtig wie wechselnd sind.

Die Illusion erkennen, heißt dem Ruf der Freiheit folgen. Und erst wenn man frei ist, hört man auf, sich selbst zu betrügen. Die Illusion ist schließlich der Ausdruck unserer Unreife.«

Ich dankte dem Einsiedler, der hinter meinen geschlossenen Augen gegenwärtig zu sein schien – so mächtig ist die Einbildungskraft.

»Können Sie mir über einen Punkt Aufschluß geben, der mir wichtig erscheint?« fragte ich ihn. »Zu träumen oder sich Illusionen hinzugeben, um dem Alltagstrott zu entgehen, ist doch sicherlich besser als Rauschgift zu nehmen oder sich in zweifelhafte Unternehmungen zu stürzen. Der Langeweile, den Zwängen und den anscheinend unüberwindlichen Schwierigkeiten entkommen zu wollen, ist verständlich.«

Die Antwort kam von mir selbst: »Sich von einem Wachtraum wiegen zu lassen, heißt nicht, der Illusion zu erliegen. Man erzeugt sie, wird aber nicht von ihr getäuscht. Hält man die Illusion hingegen für die Wirklichkeit, werden die gegenwärtigen Schwierigkeiten zwar für gewisse Zeit beiseite geschafft, aber nicht aufgelöst.«

An diesem Punkt meiner Überlegungen angelangt, verstand ich, was ich im Laufe jener denkwürdigen Nacht in dem Heiligtum in Irland zu erkennen versucht hatte. Einem Spiegel vergleichbar spiegelt unser Gehirn das, was die Neuronen auffangen, wider. Sie schwingen im Rhythmus vielfältiger Frequenzen, die durch unsere Sinne übertragen werden. Instinktive und auch leidenschaftliche Wallungen spielen eine große Rolle und verhindern den Empfang von Eindrücken, die subtilen Energiefeldern zuzuschreiben sind, und als Eingebung oder Intuition wirken.

Im Rhythmus unserer Seele nehmen wir die Bewegung des Lebens durch einen Anklang, Gleichklang, Mißklang wahr, also das, was vom Subtilsten bis zum Dichtesten unser Universum bildet.

Die Wahrnehmung, mag sie eine Gehörs- oder Sehempfindung sein, macht die Wahrheit des Augenblicks aus. So gewinnen die Worte MEISTER ECKHARTS an Sinn: »Der wichtigste Augenblick ist der jetzige. Der wichtigste Mensch ist der, mit dem du gerade sprichst. Die wichtigste Tat ist die Liebe.« Die Liebe ist Verständnis, und das Verständnis löst die Illusion auf. Wir gehen der Illusion willentlich oder unwillentlich nach. Ihr willentlich zu erliegen, heißt, sich davon zu überzeugen, daß alles, was man wünscht, glaubt oder will, gerechtfertigt ist. Die Illusion verwandelt sich dann zu einer Zufluchtsstätte, an der man sich vor einer gewissen Angst, vor einer schmerzhaften Enttäuschung oder uneingestandenem Ehrgeiz sicher fühlt. Jeder Schmerz muß früher oder später erkundet werden. Man muß dem Problem, dem man ausweichen möchte, direkt ins Auge sehen. Bitternis und Enttäuschung werden mit Verzögerung zusätzliche Hindernisse, und zwar in der Größe der vorangegangenen Illusion.

Die unfreiwillige Illusion besteht in dem Glauben, daß man dem Druck eines angeblich grausamen Schicksals entgeht, wenn man seine Verantwortung in die Hände unsichtbarer, aber anscheinend allmächtiger Wesenheiten legt. Man will glauben, daß ein Guru dem im Lotossitz meditierenden Schüler den Schlüssel des Paradieses auf einem Tablett überreicht. Man ist versucht, sich einer Sekte anzuschließen, also Haltungen anzunehmen, die nichts als Ausflüchte sind, ja sogar Gefängnisse, in die man sich einsperrt. Die unfreiwillige Illusion zeugt von fehlender Reife. Sie zu erkennen, ist das einzige Mittel, die Freiheit wiederzuerringen, ohne die kein Fortschreiten auf dem Weg der Entwicklung möglich ist.

»Weiser Einsiedler«, wandte ich mich an die Gedankengestalt, die ein irisierendes Licht auszustrahlen schien. »Man stellt mir oft die Frage, auf die zu antworten ich zögere. Können Sie mir helfen, meine Gesprächspartner nicht zu enttäuschen. Was ist die Intiation? Einst konnte man sich in gewissen Zentren einweihen lassen. Bestehen diese Möglichkeiten noch? Welche Initiation wäre unserer Zeit angemessen?

»Du mußt wissen«, kam die Antwort, »daß wir alle auf verschiedenen Ebenen eingeweiht sind. Wir kennen die Straßenverkehrsordnung, die Steuergesetze, die Pflichten des Bürgers und vieles andere. Früher stützte sich die Einweihung auf die Erkenntnis der Gesetze, die die Bewegung des Lebens in den Abgrundtiefen der Natur bestimmen. Die Erkenntnis dieser Gesetze enthüllen eine *Kunst des Lebens*, die zur *Meisterschaft* führt – dem Omega des Schicksals aller Menschen.

Eine Handlung initiieren heißt sie einleiten. Um eine Handlung, die mit dem Bereich der *Kunst des Lebens* in Zusammenhang steht, einzuleiten und fortzusetzen, ist ein klares Verständnis des divinen Planes unerläßlich. Die Lebenskunst fordert in der Tat eine ständige Anpassung der Mittel und Fähigkeiten an die Erfordernisse des Augenblicks und demnach eine fortwährende Anpassungsfähigkeit des Geistes.

Diese geistige Geschmeidigkeit zu erlangen, war das Ziel der Prüfungen, die den zugelassenen Adepten von einst auferlegt wurden, um sie in die Geheimnisse der Natur einzuführen. Die Prüfungen waren auch dazu bestimmt, ihre Entschlossenheit zu stärken, und boten Gelegenheit, ihre Herzensqualitäten und ihre reinen Absichten unter Beweis zu stellen. Heutzutage ist das Wissen all jenen zugänglich, die sich die Mühe machen, es zu erwerben. Der Wissenschaft fehlt das, was denen fehlt, die sie entwickeln: die Kenntnis der Gesetze der Harmonie. Diese Gesetze fordern die Unterwerfung des Wissens unter die Gebote, welche die harmonische Offenbarung aller

Phänomene des Lebens ermöglichen. Frieden, Freude und Gesundheit, also das *Himmelreich auf Erden*, gewinnt man zu diesem Preis.

Seit Menschengedenken träumt der Mensch vom Frieden und führt Kriege. Er ist nicht friedfertig und deshalb nicht imstande, auf den Frieden hinzuwirken. Er will den göttlichen Plan nicht kennen – oder so tun, als kenne er ihn nicht –, um seine Wünsche befriedigen zu können.

Es gab zu allen Zeiten und gibt auch in unserer Zeit Gemeinschaften, mehr oder weniger geheime Bruderschaften oder auch Sekten, die behaupten, das weiterzuleiten, was einst die Einweihung in die Mysterien war. Begrifflich könnte man die Initiation als *Wissen um die Gesetze* umfassen, denen die sichtbaren und unsichtbaren Energien des Universums gehorchen.

Demzufolge hat die Initiation eine wissenschaftliche Grundlage, denn sie setzt die Weisheit frei, die sich aus dieser Erkenntnis herleitet. Der Eingeweihte muß seine Handlung also den Erfordernissen eines fundamentalen Verständnisses unterwerfen. Dies ist heute unglücklicherweise nicht immer das Bestreben der Gruppen, Sekten oder Bruderschaften, die vorgeben, es zu haben.«

»Wie einfach und klar das alles scheint«, dachte ich, als ich eine neue Frage in Worte faßte.

»Reicht es, um unsere Verantwortung anzunehmen, wenn wir die Fallen erkennen, die die Illusion auf dem initiatischen Weg aufstellt, oder sind wir die Opfer einer allumfassenden Organisation?«

»Man kann die Politiker anklagen, unfähig zu sein,

die fundamentalen Probleme zu meistern, aber das genügt nicht«, antwortete ich durch den Mund des Einsiedlers.

Für einen kurzen Augenblick vernebelte sich sein Gesicht, als hätte eine Wolke ihn eingehüllt. Als das Bild wieder klar wurde, hörte ich seine Antwort:

»Erinnere dich an die Worte von ANTOINE DE SAINT-EXUPÉRY: ›Es kann sich nicht darum handeln, die Zukunft vorauszusehen. Es gilt, sie vorzubereiten.‹«

Nachdem das Bild des Einsiedlers verschwunden war, blieb ich lange nachdenklich sitzen. Ich zweifelte nicht daran, daß meine Fragen sich an eine Gedankengestalt gewandt hatten, die aus meiner Phantasie hervorgegangen war. Aber ich wolle mir Klarheit darüber verschaffen, ob die empfangenen Antworten nur meine eigenen Ideen widerspiegelten, die bis dahin in meinem Unterbewußtsein eingeschlossen waren, oder ob sie, im Gegenteil, einer Eingebung entsprungen waren.

»Es wäre möglich«, sagte ich mir, »daß sie durch einen Anklang an höhere Bewußtseinsebenen, einem Phänomen aus der Akustik vergleichbar, eingegeben wurden. »Könnten«, so fragte ich mich, »meine Gedanken dem Rhythmus einer überweltlichen Ordnung entspringen, die sich, von Widerschein zu Widerschein, auf den allersubtilsten und allerdichtesten Ebenen offenbart? Haben die Neuronen meines Gehirns die Schwingungen von einer dieser Ebenen aufgefangen, um sie in vertraute Bilder zu verwandeln? Diese wären sodann die Träger einer Botschaft, die mir zugedacht ist.« An diesem Punkt meiner Überlegungen machte ich mir Vorwürfe, den Versuch unternommen zu haben, zu erklären, was jeder Erklärung entgeht. Dennoch strebt man eine Erklärung an, weil man sich davon überzeugen möchte, daß man geführt, also beschützt ist.

»Wenn«, so meinte ich, »die Weisen aller Zeiten und auch die heutigen Wissenschaftler die Einheit des Universums betonen und wir in unserem Leib eine Zelle dieser Einheit sind, so sind wir berufen, die jeder Zelle zugedachte Aufgabe zu übernehmen. Dies bedeutet, daß jeder einzelne im Rahmen seiner Möglichkeiten wirken soll, die ihrerseits wieder von seinen Wahrnehmungsfähigkeiten abhängen. Daraus folgt, daß es eine Pflicht ist, seine Fähigkeiten zu wecken, nicht nur, um richtig zu denken und sein Handeln den Gegebenheiten des Augenblicks anzupassen, sondern auch um so sein wahres Menschtum zu bezeugen. Wenn jeder so wirkt, wird sich die Welt verändern.

Von falschen Vorstellungen verblendet, klagen wir das Schicksal, Gott, den Teufel oder die Politik an. Von einer angsterfüllten besorgten Menschheit geht eine schädliche Schwingung aus. Diese Schwingung stört das irdische Kraftfeld. Es steht in direkter Beziehung zu der kosmischen Bewegung, die die Schwingung noch verstärkt. Die Welt ist der Spiegel der reinen Wahrheit, und da wir zur Welt gehören, spiegeln auch wir sie wider. Der rechte Gedanke gibt jedem die Möglichkeit, auf verschiedene Ebenen vernünftig zu wirken, also mitzuwirken am großen Werk der Natur.

Es sind die falschen Vorstellungen und falschen Meinungen, die eine vernünftige Verteilung der Güter an hungernde Teile der Menschheit verhindern. Es sind die falschen Vorstellungen, die uns vergessen lassen, daß der Wille zum Frieden die Bereitschaft zur Friedfertigkeit beim einzelnen voraussetzt. Es sind die falschen Vorstellungen, die uns glauben machen, daß wir unfähig seien, einen tiefgreifenden Wandel der Dinge auf dieser Erde hervorzurufen. Der einzelne Mensch ist mächtiger, als man es gemeinhin vermutet.

Es waren stets einzelne Menschen, die die Welt im Laufe der Geschichte beeinflußten. Wenn jeder von uns – ohne sich in dem Glauben zu rechtfertigen, er könne nichts ändern – *einen* Augenblick seine eigensüchtigen Antriebe vergäße, um sich für die Probleme des Nächsten zu interessieren, würde er nicht nur eine große Freude empfinden, sondern auch tatkräftig zur Weiterentwicklung aller beitragen. Eine freundschaftliche Geste, eine ausgestreckte Hand, ein Lächeln im rechten Augenblick sind viel nützlicher, als sich im Lotossitz niederzulassen, um Liebe auszustrahlen, die man zu empfinden meint, aber vielleicht gar nicht empfindet.

Die Illusion stellt zufrieden, aber sie führt zu nichts Nützlichem. Sich über dies oder das zu entrüsten, um sein Mitleid auszudrücken, ist nur eine Haltung der Selbstzufriedenheit. Das tiefe Verständnis zu offenbaren, das eine stetige Anpassung der eigenen Möglichkeiten an die Probleme des Augenblicks ermöglicht, ist die einzige Art, wahrhaftig zu handeln. Sie schafft Vertrauen und befreit die vom Zweifel geplagten Menschen von einer Bürde.

Frei, verständnisvoll und klarsichtig entsendet jeder Mensch Kräfte, die aus seinem tiefsten Innern emporsteigen und verblüffende Wirkungen hervorrufen.

# 15
# Die Zukunft der Hoffnung ist Weisheit, Verständnis, Liebe

Richtig denken, einsichtig handeln und seine Verantwortung annehmen, ohne je mehr zu wollen, als man kann, heißt den Irrtum erkennen und die Wahrheit schauen. Man ist mit seiner ganzen Vernunft vernünftig und hört auf, sich gegen Menschen, Ereignisse und von uns unmittelbar ausgelöste oder Naturkatastrophen aufzulehnen, um im Sinne seiner Berufung zu wirken.

Deuten wir die über unsere Sinne vermittelten Eindrücke schlecht? Unsere Beobachtungen sind notwendigerweise ungenau, denn selbst die höchstentwickelten Instrumente leiten nur bruchstückhafte Aspekte dessen weiter, was wir beobachten. Die Schneide einer Rasierklinge scheint dem bloßen Auge geradlinig. Unter dem Mikroskop erscheint sie gezackt. Der Chemiker wird nur eine Mischung von Eisen und Kohlenstoff sehen, wo der Atomphysiker unsichtbare Sonnensysteme beschreibt, die aus Partikeln bestehen, welche in ständiger Bewegung sind. Wir nehmen im Universum Schnitte vor, ohne genauer zu bestimmen, wie sie verstanden werden sollen. Für einen Ingenieur wird der Längsschnitt eines Zylinders durch ein Rechteck dargestellt und der Querschnitt durch einen Kreis. Der Laie, der in diesen Dingen nicht bewandert ist, steht ziemlich hilflos davor.

Wir teilen und zerstückeln und versäumen es, uns die Beziehungen, die jedes Ding mit allen anderen verbindet, zu Bewußtsein zu bringen. Deshalb sind unsere Schlußfolgerungen entsprechend verstümmelt. Die Welt des *Dualismus* läßt uns die ursprüngliche *Einheit* vergessen, und dieses Vergessen löst Konflikte aus.

Da die Angst vorherrscht, spricht man von einem neuen Zeitalter, das dem Menschen Zugang zu einem ganz anderen Bewußtsein eröffnen sollte. Da befindet sich die Falle, denn es geht nicht darum, überholte Theorien über Bord zu werfen, um sich in andere einzukerkern. Es handelt sich vielmehr darum, einen Zustand des Verständnisses, also der Freiheit zu erreichen, der eine Entfaltung des rechten Denkens erlaubt. Ein Denken, das sich, in Tatkraft umgesetzt, auf die Erfordernisse des Augenblicks einstimmt. Die Erweiterung des Bewußtseins entspricht einer Suche, die vor allem in der angelsächsischen Welt weite Kreis zieht.

Oft werden einer wenig bewanderten Öffentlichkeit psychologische Techniken feilgeboten. Die Wiedererinnerung vergangener Leben durch die Hypnose wird gerühmt. Sehr beliebt ist auch, sich von geistigen Wesenheiten leiten zu lassen. Man zahlt einer Dame in Kalifornien 400 Dollar, um ihrer Verwandlung in einen alten Weisen, *Ramtha* genannt, beizuwohnen, der vor 35 000 Jahren gelebt haben soll. Er übermittelt angeblich Botschaften, die auf das neue Zeitalter zugeschnitten sind, indem er sich in ihr immer von neuem reinkarniert. »Der Mensch kann alles, was er will, und er kann alles, dessen er bedarf, erschaffen. Er ist göttlich«, verkündet dieser Weise durch seine Mittelsperson. Eine solche Behauptung, sollte sie wörtlich genommen werden, hebt jeden Begriff von Sünde auf. Das ist sehr bequem, verschleiert aber die Tatsache, daß die Sünde einer Nichtbeachtung der Gesetze des Lebens und folglich des menschlichen Gesetzes entspricht.

Welche auch immer die damit verbundenen Beweise sein mögen, die Wiedergeburt entzieht sich jeder Sicherheit, aber die angeführten Beispiele sind manchmal recht wunderlich und werden oft für bare Münze genommen. Es handelt sich nicht darum, zu glauben oder nicht zu glauben, sondern zu verstehen, daß der Quantensprung, der es der Menschheit erlaubt, von einem Bewußtseinszustand in einen anderen überzuwechseln, nicht zweifelhafte Behauptungen zu Hilfe rufen muß.

Die Wahl der falschen Methode beweist einen Mangel an Reife und kann manchmal harte Folgen nach sich ziehen.

Das neue Zeitalter wird das Zeitalter der Synthese sein. Der Zeitpunkt ist gekommen, sich zu Bewußtsein zu bringen, daß die zwischen allen naturwissenschaftlichen, philosophischen und soziologischen Disziplinen getroffene Unterscheidung willkürlich ist. Alles ist verbunden. Um sich davon zu überzeugen, genügt es, die Unbeständigkeit der vielfältigen Informationen zu ermessen, die in unserem Gehirn das Bild einer Welt erzeugen, deren Wirklichkeit uns letztlich entgeht.

Licht und Dunkel sind subjektive Faktoren auf der psychischen Ebene. Bei einer bestimmten Frequenz geben uns diese unsichtbaren Wellen den Eindruck von Licht; aber einige Tierarten nehmen Licht selbst dann noch wahr, wenn für uns nur Dunkelheit herrscht, weil sie andere Bereiche des Frequenzspektrums »empfangen« können als wir.

Als *Leben* bezeichnen wir eine unsichtbare und nicht faßbare Energie, deren Rhythmen sich durch ein Werden offenbart, welches zweier Pole bedarf, um zutage zu treten. Auf bestimmten Ebenen ist dieses Werden wahrzunehmen, aber das will nicht besagen, daß es auf anderen nicht existiert. Es entschwindet nur unseren Sinnen. Das Leben hat ein potentiell unermeßliches Wirkungsvermögen, von dem jedes bestehende Ding ein Quentchen widerspiegelt.

Zu verstehen, daß auf dem Rollband des Daseins das Grollen des Donners, der Gesang der Vögel, Leiden, Haß und Liebe Aspekte sind, deren Mannigfaltigkeit die Einheit jenseits der Erscheinungen bezeugt, macht eine psychologische Umkehr und ein anderes Bewußtsein zur Bedingung. Das Verständnis, daß der Eingeweihte berufen ist, das Göttliche als Licht ohne umgrenzende Form zu erfassen, ist ein Glaubensakt. Und als solcher macht er das Fallenlassen der Krücken notwendig. Sie stützen die Glaubensauffassungen, an die man sich aus Angst vor dem Unbekannten klammert. Den Tod der Gestaltungen und so auch den eigenen zu akzeptieren, um den strahlenden Glanz des Lebens wahrzunehmen, erfordert eine Anstrengung der Phantasie. Denn hier überschreitet die Wirklichkeit die logische und rationale Ebene, also den erstarrten mentalen Mechanismus.

»Wie soll ich es anstellen«, schrieb ich eines Tages auf einen Notizblock, »dem treu zu bleiben, was ich im Wesen bin? Wie kann ich die Wahrheit des Augenblicks offenbaren?«

Erst nach längerer Überlegung glaubte ich die Antwort wahrzunehmen und schrieb sie gleich nieder:

»Es handelt sich darum, ihr eine Form zu geben. Jeder von uns ist der Brennpunkt einer Verkettung, die aus Verbindungen mit zahlreichen Verästelungen besteht. Sie kreuzen, überlagern, verwickeln sich, ohne einander je zu behindern. Diesen Verkettungen zufolge sticken die Parzen die Arabesken unseres Werdens. Es veranlaßt uns zu erkennen, daß die Gleichzeitigkeit der Phänomene aller Art das Gesetz, das sie regiert, offenbart. Die durch ein erweitertes Blickfeld geschöpfte Erkenntnis von den Erfordernissen des Augenblicks erlaubt sodann die rechte Handlung.«

»Die Verkettungen verbildlichen die Beziehungen, die uns mit der umgebenden Welt einen«, schrieb ich weiter. »Wenn wir gelassen und klarsichtig die Stimme des schweigenden Wächters hören, die Stimme unseres Unterbewußtseins, werden wir den Grund unseres Daseins entdecken.

Wenn wir unsere Verantwortung annehmen, folglich auch unser Schicksal, werden wir aufhören, Chimären zu verfolgen, und verstehen, daß der Weg, den wir zu gehen haben, in einer immer neuen Gegenwart drei Wahrheiten enthält. Sie lassen sich, die Worte des KONFUZIUS umschreibend, in den folgenden drei Sätzen zusammenfassen:

Die Anordnung des Himmels heißt Natur!
Sich der Natur unterwerfen heißt Weisheit!
Die Weisheit weiterentwickeln heißt Liebe!

Vergangenheit, Gegenwart und Zukunft bilden die Plattform eines Erwachens, das wie ein Blitz das Warum unserer Reise auf Erden offenbart.«

Ich legte meinen Federhalter neben den Notizblock und dachte daran, daß an einer Wegbiegung, vielleicht beim Bewundern eines Sonnenaufgangs, vielleicht wenn man sich vom Murmeln einer Quelle begeistern läßt, oder auch im Gegenteil, unter dem Druck unvorhergesehener Ereignisse, das Licht hervorbricht, welches dann keiner zusätzlichen Bestätigung bedarf, um weithin zu leuchten. Es ist das Leuchten der *Hoffnung*, die aus der überwundenen *Angst* hervorgegangen ist.

# Nachwort an der Schwelle des dritten Jahrtausends

Vernunft, Sachkenntnis und Autorität im erwähnten Sinn geben dem Menschen die Möglichkeit, die rechte Wahl zu treffen. Entdeckungen und Erfindungen in Wissenschaft und Technik fordern eine neue Sicht und helfen dem Menschen, sein Weltbild zu erweitern.

Wie groß der Fortschritt auch sei, die moderne Physik ist nicht imstande, die Tatsache zu erklären, daß ein Lichtphoton ein Partikel ist, ohne aufzuhören, eine Welle zu sein, und umgekehrt eine Welle ist, ohne aufzuhören, ein Partikel zu sein. Die Welle ist immateriell, während das Partikel ein Materieteilchen ist. Trotz dieser Antinomie ist das Lichtphoton sowohl das eine wie das andere, was die kartesianische Logik auch immer dazu sagen mag. Das ist nur ein Beispiel unter vielen, und daraus folgt, daß der Atomphysiker nicht mehr weiß, ob das, was er beobachtet, die letztendliche Struktur der Materie ist oder die Spiegelung seines Denkens.

Eine Anzahl von Hypothesen ersetzt jede Sicherheit und versucht eine Bresche in die logische Beweisführung zu schlagen, die von einem Punkt zum nächsten methodisch voranschreitet und einem festgelegten Weg folgt.

Man kann nicht mehr oder nicht verstehen! Es gibt nur einen immer subtileren Verständigungsgrad einer Wahrscheinlichkeit.

Die statistische Wahrscheinlichkeit hat den Platz der Sicherheit eingenommen. Dies kann insofern nicht erstaunen, als PLATON bereits vor 2 300 Jahren verkündete: »Ich gebe euch Wahrscheinlichkeiten, verlangt nicht mehr!« Dennoch hat der Mensch immer die Sicherheit gesucht, in dem Bestreben, eine unfehlbare Kausalität und einen beruhigenden Determinismus zu entdecken.

Es sei an die Behauptung des französischen Physikers und Mathematikers PIERRE SIMON LAPLACE erinnert, die gestern noch endgültig erschien:

»Würde ein ›Übermensch‹ zu einem gegebenen Moment alle Kräfte, die die Materie beleben, kennen und die jeweilige Lage der sie bildenden Teile – vorausgesetzt, diese Kenntnis wäre umfassend genug, um sie der Logik zu unterwerfen –, so umschlösse eine einzige Formel die Bewegungen der größten Körper des Universums und des leichtesten Atoms. Nichts wäre für ihn unsicher, und die Zukunft wie die Vergangenheit wären in seiner Sicht gegenwärtig.«

Demnach würde es genügen, über die Anordnung und Geschwindigkeit aller Atome des Universums informiert zu sein, um den Verlauf der ganzen weiteren Zukunft zu kennen. – Ein beruhigendes Konzept für diejenigen, die im Besitz dieser wertvollen Informationen sind und einige nützliche Vorkehrungen treffen könnten.

Leider stimmt die moderne Physik nicht mit Laplace überein. Für sie verbleibt nur ein Spiel von Wechselbeziehungen, das die wahrscheinliche Verbindung zwischen zwei Tatsachen ausdrückt. Diese Feststellungen erlauben, wie bereits gesagt, die Ungenauigkeit von Informationen zu erkennen, wenn sie in unserem Gehirn das Bild einer Welt hervorrufen, die mit einer sich uns immer wieder entziehenden Wirklichkeit nichts gemein hat. Es ist interessant zu sehen, daß die Wissenschaft zu einer Sicht gelangt, die der Sicht der Orientalen sehr nahekommt. Seit jeher suchen diese die Wirklichkeit jenseits dessen zu erfassen, was sie *Maja* nennen, und *Maja* läßt sich, wenn auch unvollkommen, mit dem Wort *Illusion* übersetzen.

Die Illusion eines Universums, das nur in unserem Bewußtsein existiert –bedingt durch die Eindrücke, die unsere Sinne übermitteln – verschleiert die transzendentale Wirklichkeit. Diese Wirklichkeit wird vom Schein der Dinge, so wie wir sie begreifen, verborgen. Sie offenbart sich durch ein Gesetz, dem die im Universum wirkenden Energien zu gehorchen scheinen.

Man mag sich fragen, ob der Mensch dieses Gesetz trotz der wachsenden Komplexität der immer vielseitigeren Forschungsgebiete erfassen kann, um sich in seinen Handlungen nach den einzig vernünftigen Maßstäben zu richten, die sich aus diesem göttlichen Gesetz ableiten. Oder übersteigt dies seine Möglichkeiten, da die Welt sein Maß übersteigt? Schließlich gilt es die bestehenden Beziehungen zwischen den Mitteln, über die er verfügt, und der universellen Bewegung des Lebens, an der er teilhat, zu kennen.

Gewiß, seine Mittel und Forschungsmethoden werden zuverlässiger und präziser, aber im gleichen Maß werden die unbekannten Bereiche eines Kosmos offenbar, der in ständiger Wandlung begriffen ist.

Aber erst wenn die von der triumphierenden Wissenschaft befreiten Energien den Geboten des kosmischen Gesetzes unterworfen sind, wird der Mensch des dritten Jahrtausends die Schwelle überschreiten können, jenseits derer ihn eine lichtvolle Zukunft erwartet.

Da er sie nicht überschreitet, prägen Kriege, Haß, Gewalt, Terror und Fanatismen weiterhin die Abgründe seiner Geschichte und stürzen ihn vom Gipfel, den sein Genius erreichte.

Diesen Gipfeln sollten wir aber zustreben. Erst wenn wir das Trennende einen, wenn wir die metaphysischen Wurzeln der Konflikte entdeckt haben, um sie auszureißen, wird der Weg zum Gipfel gefunden sein.

Eine psychologische Revolution findet statt. Sie macht es möglich, die Ebene der ideologischen Auslegungen zu verlassen, um ein Morgen der Liebe und Brüderlichkeit, ein Morgen des Friedens für die Menschen, die guten Willens sind, vorzubereiten.

Damit eine Zivilisation ihren Platz in der Fortschrittsspirale einnimmt, muß die Wissenschaft in den Dienst des Menschen treten und nicht in den

Dienst der Macht, die er sucht. Denn er erkennt nicht, daß er sich in seinem Streben nach Macht und im Wettlauf des Ehrgeizes zu Konflikten verurteilt.

Die Schwelle, die sich vor dem dritten Jahrtausend abzeichnet, bedingt für die Menschheit sicherlich eine Wendung. Es ist undenkbar, daß wir unsere kleinlichen Streitigkeiten in die Weite des Sternenraums projizieren, der sich unserer Erforschung öffnet. Die psychologische Revolution, um die es sich handelt, muß zu einem anderen Bewußtseinszustand führen. Diese Schwelle trennt die Welt der Spannung von der Welt des Verständnisses. Die zum Überschreiten der Schwelle unerläßliche Erkenntnis sollte das Ziel von Vorträgen, Seminaren und Begegnungen sein. Im gegenseitigen Austausch über Fragen und Antworten, wie sie in den vorhergehenden Kapiteln wiedergegeben sind, kristallisiert sich ein Weltbild heraus, das der Problematik unserer Zeit entspricht.

Die menschliche Natur verführt den Menschen dazu, die Welt so zu sehen, wie er sie sehen möchte, und nicht so, wie sie ist. Dies wird allzuleicht vergessen. Um uns einer Wahrheit zu nähern, von der jedes lebende Wesen und jeder bestehende Gegenstand eine Teileinheit darstellt, müssen wir über unsere Grenzen hinauswachsen.

*Wir sind das, was wir denken,* und deshalb ist es wichtig, *richtig* zu denken. Man muß sich bemühen, die Welt so zu sehen, wie sie ist, und anerkennen, daß sie die reine Wahrheit widerspiegelt und daß wir berufen sind, diese *Wahrheit zu erkennen.*

# DIE REIHE AKTUELLER SACHBÜCHER

## Die Außergewöhnlichen unter den Bestsellern

Das *Seth-Material,* das erste von Jane Roberts' Seth-Büchern, zeigt den Weg auf, den eine Intellektuelle über Ärzte, Psychologen und Parapsychologen bis zur freien Entfaltung ihrer psychischen Gaben und deren Anerkennung ging. Raymond Van Over, Professor für Parapsychologie an der New York University, erklärt: »Seth ist die Trancepersönlichkeit einer zuhöchst ASW-begabten Sensitiven.« Und das *US Library Journal* schrieb: »Seth vermittelt faszinierende Wissenserfahrung und philosophische Erkenntnis... höchst lesenswert.« Das Buch ist eine Fundgrube esoterischen Wissens und innerer Erfahrung über Gesundheit und Krankheit, über Träume, die Seele, Gott und höherdimensionale Wirklichkeiten. Diesem Standardwerk folgten die weiteren Seth-Bücher.

### Jane Roberts' Werke:

- **Das Seth-Material**
  Ein Standardwerk esoterischen Wissens
  348 Seiten
- **Die Natur der Psyche**
  Ihr menschlicher Ausdruck in Kreativität, Liebe, Sexualität
  330 Seiten
- **Gespräche mit Seth**
  Von der ewigen Gültigkeit der Seele
  448 Seiten
- **Die Natur der persönlichen Realität**
  Ein neues Bewußtsein als Quelle der Kreativität
  504 Seiten

**Jeder Band: Oktav, Balacron, Goldprägung, mit farbigem Schutzumschlag.**

**ARISTON VERLAG · GENF**

**CH-1211 GENF 6 · POSTFACH 176**